烟台汽车工程职业学院红旗文化育人丛书

开启心灵之旅
——大学生职业沟通能力培养

杨 芹　孙晓辉 ◎主编

中国书籍出版社
China Book Press

"烟台汽车工程职业学院红旗文化育人丛书"编委会

主　任　李翠玲　李　广

副主任　于　波　李平刚　孙　涛　姜义昌
　　　　杜旭东　宋恒继　刘务忠

委　员　张巍峰　孙乃祝　赵桂平　王　平
　　　　曲　健　周福成　丛庆先　于红兵
　　　　李秀敏　逄孝海　慕秀成　崔秀梅
　　　　王永浩　李世一　邹德伟　张玉芳
　　　　马晓艳　王世江　刘代忠　张咏梅
　　　　林治熙　刘通江

本书编委会

主　编　杨　芹　孙晓辉

副主编　王　朝

前 言

中国特色社会主义进入新时代，对大学生的职业素养提出了更高要求。与此同时，制造业转型升级需要高素质的技能型劳动者，加强职业核心素养教育，培养有效的职业沟通能力，提升职场竞争力，是高等院校基于新时代诉求所亟待解决的重要课题。

在飞速发展的新时代，始终保持有效的职业沟通已成为人们生存与发展所必需的基本能力，大学生拥有了沟通能力就等于掌握了成功的钥匙。大量数据表明，企业中70%以上的问题来源于沟通不畅，有效的职业沟通不仅是企业发展所需的软实力，更是从业人员获得成功所不可或缺的核心能力。为了向大学生阐述提高职业沟通能力的重要性，引导他们锤炼职业沟通能力，为他们获得职业成功而助力，我们编写了这本《开启心灵之旅——大学生职业沟通能力培养》教材。

本教材由烟台汽车工程职业学院编写，分为三个单元，共十个章节，以职场故事、理论阐释、职场演练、能力测评为体例编排内容。由"职场故事"引入教学情境，本着"理实结合"原则，阐述进行沟通能力训练的基本理论。"相关链接"以大量生动有趣的案例对理论做了进一步阐释，目的是让大学生切实掌握进行职业沟通的知识和方法，未入职场，先进行职场演练。"职场演练"通过情境设计、模拟角色扮演等方式方法，让学生"做中学，学中做，学做结合"，不断提高职业沟通能力。"能力测评"是学生对自己沟通能力的自测。

本书在编写时参考了大量国内外学者的成果，在此一并表示衷心的感谢。由于编者时间和水平有限，书中难免有疏漏和不当之处，敬请同行业专家以及读者提出宝贵意见。

编 者

2019年10月

目 录

第一单元　职场沟通讲技巧 ……………………………………… 1
　　第一章　与上司有效沟通 …………………………………… 2
　　第二章　与同事真诚沟通 …………………………………… 21
　　第三章　与客户高效沟通 …………………………………… 40

第二单元　言语沟通掌握要领 …………………………………… 55
　　第一章　面对面交谈技巧 …………………………………… 56
　　第二章　电话交谈技巧 ……………………………………… 80
　　第三章　如何赞美、说服与拒绝他人 ……………………… 91
　　第四章　学会与人谈判 ……………………………………… 119

第三单元　非语言沟通助推职业成功 …………………………… 135
　　第一章　动作语言 …………………………………………… 136
　　第二章　副语言沟通 ………………………………………… 148
　　第三章　环境沟通 …………………………………………… 151

参考资料 …………………………………………………………… 158

第一单元 职场沟通讲技巧

第一章　与上司有效沟通

沟通在我们的生活中无处不在，从某种意义上来讲，沟通已经不再是一种职业技能，而是一种生活方式。我们不可能每个人都成为领导，但是几乎每个人都会成为下属。和自己的上级打交道，是我们日常工作的重点，沟通的效果既体现我们的沟通能力，又能够影响我们的职业发展。因此，如何与上级有效沟通，应该引起我们的高度重视。尊重上级，是和上级沟通的前提；搞好本职工作，是与上级沟通的基础；摆正位置，是与上级沟通的根本。

职场故事

经过将近一个月的投简历和反复面试，在权衡了多种因素的情况下，拉拉最终选定了东莞市一家研究生产食品添加剂的公司。她之所以选择这家公司，是因为该公司规模适中、发展速度很快，最重要的是该公司的人力资源管理工作还处于尝试阶段，如果拉拉加入，她将是人力资源部的第一个人，因此她认为自己施展能力的空间很大。

但是到公司实习一个星期后，拉拉就陷入了困境中。

原来该公司是一个典型的小型家族企业，企业中的关键职位基本上都由老板的亲属担任，其中充满了各种裙带关系。尤其是老板安排了他的大儿子做拉拉的临时上级，而这个人主要负责公司研发工作，根本没有管理理念，更不用说人力资源管理理念。在他的眼里，只有技术最重要，公司只要能赚钱其他的一切都无所谓。但是拉拉认为越是这样就越有自己发挥能力的空间，因此在到公司的第五天拉拉拿着自己的建议书走向了直接上级的办公室。

"王经理，我到公司已经快一个星期了，我有一些想法想和您谈谈，您有时间吗？"拉拉走到经理办公桌前说。

"来来来，拉拉，本来早就应该和你谈谈了，只是最近一直扎在实验室里就把这件事忘了。"

"王经理,对于一个企业尤其是处于上升阶段的企业来说,要持续企业的发展必须在管理上狠下功夫。我来公司已经快一个星期了,据我目前对公司的了解,我认为公司存在的主要问题有职责界定不清;雇员的自主权力太小,致使员工觉得公司对他们缺乏信任;员工薪酬结构和水平的制定随意性较强,缺乏科学合理的基础,因此薪酬的公平性和激励性都较低……"拉拉按照自己事先所列的提纲开始逐条向王经理叙述。

王经理微微皱了一下眉头说:"你说的这些问题我们公司也确实存在,但是你必须承认一个事实——我们公司在赢利,这就说明我们公司目前实行的体制有它的合理性。"

"可是,眼前的发展并不等于将来也可以发展,许多家族企业都是败在管理上。"

"好了,那你有具体方案吗?"

"目前还没有,这些还只是我的一点想法而已,但是如果得到了您的支持,我想方案只是时间问题。"

"那你先回去做方案,把你的材料放这儿,我先看看然后给你答复。"说完王经理的注意力又回到了研究报告上。

一位专家说过,对你的上司也有激发动机的必要。因为上司也是平常人,他们也愿意得到别人的支持与鼓励。当上司遇到困难时,你应当给予他激励;当上司工作有业绩时,你应当对他表示由衷的祝贺。

一、与上级沟通的原则

与上级进行沟通,要讲究方法、运用技巧。与上级进行有效沟通,保持良好的上下级关系,不是人格扭曲、狡诈诡谲、欺上瞒下、阿谀奉承,也不是人际交往异化流俗,而是为人处世的一门学问。在职场中,与上级进行有效沟通,是保持良好上下级关系的基础,对我们的职业发展具有不可或缺的重要意义。

(一) 了解领导内心,给予适度恭维

下属在了解上级领导的个性心理后,才能方便与他沟通。领导者首先是一个人,作为一个人,一定有他的性格、爱好,也有他的作风和习惯。对领导有清楚的了解,不是为了庸俗地"迎合"领导,而是为了运用心理学规律

与领导进行沟通，以便更好地处理上下级关系，做好工作。人性中有一种最深切的秉性，就是被人恭维的渴望。你要找出领导的优点和长处，在适当的时候给予领导诚实而真挚的恭维。你可以请领导畅谈他值得骄傲的东西，请他指出你应该努力的方向，最好恭恭敬敬地掏出笔记本，把他讲话内容的要点记录下来。这样做会引起他的好感，他会觉得你是一个对他真心钦佩、虚心学习的人，是一个有培养前途的人。

相关链接1

某公司总经理在抓好公司业务的同时，结合自己的工作实践撰写了一本《经商之道》的书稿，部门经理这样称赞道："您在企业工作真是一个错误的选择，如果您专门研究经营管理，我相信您一定会成为商务管理的专家，会有更加突出的成果问世。"

总经理听完部门经理的一席话，不满地说："你的意思是说我不适合做公司的总经理，只有另谋他职了？"见总经理产生了误解，本来想给总经理"戴高帽"的部门经理吓得头冒虚汗，连忙解释说："不，不，不，我不是这个意思，我是说……"

秘书过来替部门经理打了个圆场，说："部门经理意思是说您是个多才多艺的人，不仅本职工作抓得好，其他方面也非常出色。"

在日常生活和工作中，所有领导者的内心都有被下属尊重和恭维的愿望，虽然他自己不说出口。在一定的场合，给予领导适度的恭维，有时候也是十分重要的。但是，恭维领导要掌握尺度，并且是在确切了解对方内心世界的基础之上再进行恭维。有时候，即使是自己不喜欢的领导，你也要给予适度的恭维。

（二）与领导坦诚相待，学会主动沟通

相关链接2

潍坊国际风筝会期间，具体负责外事接待工作的干事小王，因为一时疏忽把几位外宾的国籍、名字给弄混了，这让前来会见的市长很是难堪。正待准备提拔的小王当然意识到了错误的严重性，如果处理不好，不但不能得到提拔，恐怕连现在的这个职位也难保。好在小王研究过领导心理学，于是他借着午餐前与市长、外宾接近的机会，主动向他们检讨了自己的错误。外宾们为小王的坦诚态度所打动，在市长面前连连称赞小王诚恳而且友好；市长也为小王能够在外宾面前及时承认错误、挽回面子而感到高兴，并对小王留下了深刻的印象。两个月后，小王不但没有被降职，反而经市长直接点名，调到市长办公室担任了科长。

与人坦诚相待，反映了一个人的优良品格。下属在工作中要赢得领导的肯定和支持，很重要的一点是要让领导感受到你的坦诚。工作中的事情不要对领导保密或隐瞒，要以开放而坦率的态度与领导交往，这样领导才觉得你可以信赖，他才能以一种真心交流的态度与你相处。以理服人不是说服领导的最高原则，如果没有让领导感受到你的坦诚，即使你把一项事情的道理讲得非常明白，但实际上一点用也没有。因为人是有强烈感情色彩的动物，生活中情大于理的情况比比皆是，在感情与道理之间，人往往侧重于感情，领导者当然也不例外。到一个单位后，第一件需要做的事情就是要学会主动沟通、与人坦诚相待。

与领导沟通，坦诚且主动的态度十分重要。下属有时慑于周围人际环境的压力，主观上不敢与领导进行主动沟通。但工作中出现失误的时候，消极地躲避是不行的，主动沟通，主动地承认错误、改正错误，才是上策。下属工作阅历浅，但工作热情和积极性较高，工作上富有开创性，工作中有点失误是难免的。但有的人一旦在工作中出现纰漏或错误，就会感到内疚、自卑，甚至后悔不已，不主动与领导沟通、交流，而是唯恐领导责备自己，害怕见到领导。事实上，犯错误本身并不要紧，要紧的是你要尽早与领导沟通，以期得到领导的批评、指正和帮助，同时取得领导的谅解。消极地回避，不但不能取得领导的谅解，反而有可能让领导产生误解。

（三）沟通注意场合，选择沟通时机

领导者的心情如何，在很大程度上影响到你沟通的成败。当领导者的工作比较顺利、心情比较轻松的时候，如某些方面取得成功、节日前夕、生日等时候，心情会比较好，这是与领导进行沟通的好时机。当领导在某一方面取得成功时，你要选择一个比较适当的场合，营造一下氛围，向领导表达祝贺的同时，提出你的问题并与领导进行沟通。

我们想要向领导提议一件事情时，场合和时机是很重要的因素。

相关链接 3

刚刚担任了销售经理的李先生,为了实现"新官上任三把火"的愿望,经过市场调查和同行论证,制定了一份扩大销售业务、抢占外地市场的计划书。但实施这份计划,需要比较大的人力、物力和财力投入。李经理知道,像这样的提案,按照公司运营的情况来看,恐怕难以通过,要想使计划得以通过,必须讲究策略。

一天,李经理借着总经理出差归来的机会,提出要为总经理接风洗尘,总经理答应了。李经理特地安排在一家总经理从未到过的风味小店就餐,并且带上了参加过市场调查的业务人员。总经理吃得很满意,连连夸奖李经理安排得好,既省钱又有特色。李经理看时机已到,就将自己制定的计划书交给总经理看,并用"抬高目标"的方法强调实施这项计划对公司业务发展的重要性;随同的几位业务员,也以市场调查的亲身经历和感受陈述了实施这个计划的必要性。总经理看计划书准备得非常充分,当即表示同意,并答应三天内召开董事会专题研究这项计划。

与上级领导沟通,并不一定全在办公室内进行,因为领导一天到晚要考虑的事情很多,有时候,在休闲中也可以解决大问题,但要注意场所,选择适当的时机。如果领导心情不好,或者处于苦恼之中时,你的意见他很难听进去,不便于沟通,所以尽量避免在这些时候向领导请示汇报。

(四) 对领导心怀仰慕,交往把握尺度

领导者的权威不容挑战。有些领导的能力虽然平平,但不要因此认为这样的领导就是不中用的,他一定有某种优点。只有对领导怀有仰慕的心情,才能实现有效沟通。在成功策划某项工作时,即使是你的功劳,也要把选择权留给自己,而把决定权给领导。与领导谈话时,要采取委婉的语气,切不可意气用事,更不能放任自己的情绪。与领导交谈时,要有一个积极乐观的心态,向领导叙述重要事宜或回答领导提问时,如果能做到目不斜视地盯着对方的眼睛,不但会增强语言的说服力,还会给领导留下精力充沛、光明磊落的印象。听取领导讲话,高兴时不妨扬起眉,严肃时瞪大眼,困惑时大胆问,听完后简要复述,这样做会给领导留下头脑敏锐、率直认真的印象。反之,如果你唯唯诺诺、无动于衷,就会给领导留下反应迟钝、消极应付的感

觉。与领导沟通，要心怀仰慕，又要把握尺度，不能无原则地扯关系、拉近乎，否则，会给人留下盲目攀高的印象。

下属对于领导应该心怀仰慕，适当的时候给予领导关心也是必要的，但问题的关键是能否把握尺度，能否在领导和同事们面前恰如其分。

相关链接 4

春节过后上班的第一天，赵局长来到他所管辖的一个科室，正巧赶上科室人员碰头会。大家都认为赵局长是一位很有能力、值得尊重的领导。赵局长跟大家寒暄落座后，张科长正准备汇报工作，年轻的副科长小钱为了表达对局长的关爱之情，抢先说道："赵局长，您一个假期肯定没有休息好！您看您累得，多瘦啦！这全是干工作累得，您要注意休息啊！"但是赵局长并不买他的账，朝他摇摇手，道："你什么眼神？！春节期间我不但没瘦，反而还胖了七八斤呢！"赵局长这话一说，全体科室人员都乐了，年轻的钱副科长被羞得满脸通红，无地自容。

把握不好尺度，不能恰如其分地表达自己的心意，无论你对领导多么仰慕，领导也难以察觉到，反而会认为你有眼无珠。在日常生活和工作中，不管你对领导是否仰慕，对于领导个人的事情，作为下属都不能妄加评论。对领导提出的问题发表评论时，应当掌握恰当的分寸，有时候你点个头、摇个头，都会被人看作是你对领导有意图，轻易地表态或过于绝对地评价都容易导致工作的失误，是要负责任的。对领导交办的事情要慎重，看问题要有自己的立场和观点，不能一味地附和。如果你确信自己在某件事上没有过错，就应该采取不卑不亢的态度。在必要的场合，只要你从工作出发，摆事实、讲道理，也不必害怕表达出自己的不同观点，高水平的领导往往欣赏有主见的下属。

二、与上级沟通的技巧

在工作中，沟通能增强员工的主人翁意识，能集思广益。沟通是从心灵上挖掘员工的内驱力，为其提供施展才华的舞台，同时也缩短了员工与上级之间的距离，使员工充分发挥能动性，使企业发展获得强大的原动力。

（一）大胆自信地与领导沟通

员工要拥有良好的向上沟通的主观意识。领导工作往往比较繁忙，而无法顾及方方面面，因而，员工保持主动与领导沟通的意识就显得尤为重要。不要仅仅埋头于工作而忽视与领导的主动沟通，要有效展示自我，让你的能力和努力得到领导的高度肯定。在组织中，员工与领导的关系是最密切的，只有与领导保持有效的沟通，方能获得领导器重而得到更多的发展空间。

爱尔兰著名的戏剧家萧伯纳曾经说过："有信心的人，可以化渺小为伟大，化平庸为神奇。"如果缺少了自信，在人生的大舞台上就施展不出自己的才华，表现不出自我。自信是沟通成功的关键。员工在职场中行走，要想令领导不由自主地伸出大拇指，除了本身内在的潜质外，还必须拥有充分的自信。那么怎样才能消除员工对领导的恐惧感，自信地与领导沟通呢？

首先，要抛弃"不宜与领导过多接触"的观念。合理的沟通观念应该是：和领导沟通是一名员工的基本职责之一。领导是决策者和管理者，而员工则是执行者和传达者。在决策执行和目标传达过程中，必须借助沟通了解领导意图，争取领导支持，获得领导认可。

其次，不要害怕在领导那里"碰钉子"。当领导反馈意见不理想时，要从沟通态度、方式等方面进行自我反省；同时，要仔细揣摩领导的态度和意见，并通过换位思考的方式去理解领导的处理方式。

最后，要用改进沟通技能的方法增强自信。在沟通内容上，尽量做到观点清晰、有理有据、层次清楚。在沟通方式上，采用易被对方接受的沟通频率、语言风格和态度情绪。刚开始时最好采用面对面这种直接交流的方式，互相熟悉之后可借助电话、短信、电子邮件等方式。

（二）得心应手地与领导沟通

知己知彼，方可百战不殆。军事上如此，员工与领导之间的关系处理亦如此。穆罕默德曾经说过："山不走过来，我就走向山。"对于员工来说，要想当好参谋，就要学会走向领导。由于个人的素质和经历不同，不同的领导会有不同的领导风格。要处理好员工与领导之间的关系，员工必须深入了解领导的品性特征，在与他们的交往过程中区别对待，运用不同的沟通技巧，会获得更好的沟通效果。

相关链接 5

甲主管：关于在天津地区设立分厂的方案，我们已经详细论证了可行性，大概 3~5 年就可以收回成本，然后就可以盈利了。请董事长一定要考虑我们的方案。

乙主管：关于在北京地区设立分厂的方案，我们已经会同财务、销售、后勤部门详细论证了它的可行性。根据财务评价报告显示，该方案在投资后的第 28 个月，财务净现金由负值转为正值，这预示着该项投资将从第 3 年开始盈利，经测算，该方案的投资回收期是 4 年。从社会经济评价报告上显示，该方案还可以拉动与我们相关的下游产业的发展。这有可能为我们将来的企业前向、后向一体化方案提供有益的借鉴。如果在北京的某某区，当地政府还有相关的税收优惠和土地政策优惠措施。与该方案有关的可行性分析报告我已经带来了，请董事长审阅。

评论：以上两位主管的报告，显然乙主管更具说服力。只有摆出新方法的利与弊，用数据、事实逐项证明，才能让上司不认为你有头脑发热、主观臆断的嫌疑。

1. 接受型的领导

接受型的领导通常性格比较中庸、低调，做事比较稳重且待人随和，这种领导在情感上比较容易相处，无攻击性。

但是，他们在布置工作任务时，很可能含蓄而笼统，"知道了""你看着办"是他们的常用语。没有明确而具体的要求，在落实的时候就很可能出现根本无法执行的情况。

面对接受型的领导，在得到工作安排时，一定要详细询问具体工作要求，并一一记录在案，经由领导核准后再实施执行，以避免日后不必要的麻烦。

相关链接 6

李辉是北京一家知名软件公司的销售总监，他的顶头上司王总是做学术、技术出身，由于工作重点长期落在研究和开发领域，对销售业务一知半解。但王总经常指导销售部的工作，碍着面子，哪怕王总指挥错了，李辉也顺从地去做。不久，销售部的体系被折腾得乱七八糟，销售业绩也一跌再跌。一时间，高层批判（包括王总），属下埋怨，让圈子里曾经赫赫有名的销售大王李辉苦不堪言。

经过仔细考虑，李辉决定采用兼并策略，就是用自己的销售智慧把不懂销售的王总给兼并了，让王总在销售方面跟着自己的思路走。为了照顾王总的面子，李辉首先把过去的失败写成总结，并检讨自己过于懒散、不够努力的缺点，然后提出挽救和解决的捷径，为了得到王总支持，他还特意列举了现在的市场背景以及同行业公司的成功案例。

同时他主动出击，就是在王总还没有开始指挥的时候，他就把处理事情的几种方式、路径，每一种方式和路径的利弊等都详细列出后再去虚心地请教王总。王总再不懂销售，也知道采用成本最少、赚钱最多的那套销售方案。成功"兼并"了王总的李辉，在销售方面保持了业绩的持续攀升，得到了董事会的认可与赞赏。王总也渐渐退后，把更多的时间用在自己的专业以及人事、财务的管理上，企业的不稳定因素完全得到了控制，公司运营进入了高速发展状态，李辉的各项工作顺风顺水，渐入佳境。

2. 互动型的领导

互动型的领导通常性格开朗、外向，精力充沛而热情，亲切健谈，对工作充满干劲，喜欢与他人互动交流，喜欢享受他人的崇拜。

面对这一类型的领导，切记要公开赞美，而且赞美的话一定要出自真心诚意、言之有物，否则虚情假意的赞美会被他们认为是阿谀奉承，从而影响他们对你个人能力的整体看法。要亲近这一类人，应该和蔼友善，也不要忘记留意自己的肢体语言，因为他们对一举一动都十分敏感。另外，他们还喜欢与部下当面沟通，喜欢部下能与自己开诚布公地谈问题，即便对他有意见，也希望能够摆在桌面上交谈，而厌恶在私下里发泄不满情绪的部下。

3. 控制型的领导

控制型的领导是天生的领导者，他们性格果断而理智，精力充沛，有坚强的意志和决策能力，但有时性格会有些暴躁。

他们在与下属交流时，通常态度强硬，要求下属无条件服从以及高效率完成任务，并且对琐事不感兴趣。

对这类人而言，与他们沟通重在简明扼要，干脆利索，不拖泥带水，不拐弯抹角。面对这一类人时，无关紧要的话少说，直截了当，开门见山地谈即可。此外，他们很重视自己的权威性，不喜欢部下违抗自己的命令。所以员工应该更加尊重他们的权威，认真对待他们的命令，在称赞他们时，也应该称赞他们的成就，而不是他们的个性或人品。

4. 务实型的领导

务实型的领导喜欢弄清楚事情的来龙去脉再做决定，非常理性并注重细节，因而想象力有些匮乏。

与这一类型的领导沟通时，可以省下拉家常的时间，直接谈他们感兴趣而且实质性的东西，对他们的提问也应直接作答；在进行工作汇报时，多就一些关键性的细节加以印证、说明。

表 1-1 领导与员工的供需表

行事风格	接受型	互动型	控制型	务实型
基本性格	容易相处	外向	支配欲强	看重因果
经常谈论	个人	朋友	成就	组织结构
工作节奏	稳健	热情充沛	快速	迟缓
使用时间	计划性强	随心所欲	急迫慌张	四平八稳
与他人相处	富同情心	宽容	指挥型	就事论事
倾听时	感兴趣	有交流	不够耐心	有选择
交流时	低调	充满活力	直截了当	内向
做决策时	缓慢型	感情型	冲动型	事实型
使用手势	极少	夸张	有力	缓慢
对别人反应	沉稳	友好	不在意	冷漠
专注于	获得支持	创新	结果	事实
环境装饰	纪念品	图画	奖品	图表
着装爱好	舒适	时髦	正式	保守

（三）领会领导的言外之意

领导在布置工作任务时应仔细聆听，揣摩领导的工作思路，及时领会领导的意图，掌握工作要点，以便迅速制定实施步骤并加以落实。

聆听领导工作安排的 5W2H 方法

When：工作何时展开，最后期限是什么时候？

Where：工作在哪里进行？

Who：任务由哪些人完成，还需要谁的配合？

Why：为什么要做这些，有何重要意义？

What：需要完成什么样的任务，有什么具体要求？

How：如何完成这些任务？

How many：任务的工作量是多少？

例如，你可以这样说："李总，对于这项任务我是这样认为的：为了加快公司新产品上市，并尽快占领市场（Why），您安排我用 4 个业务人员（Who）加紧开发市场渠道（How），要求在 3 个月（When）完成 1000 万元（How many）的销售额（What）。其中员工薪水不超过 4 万元，业务推广费用不超过 30 万元。根据需要，从今天起，我将拥有人员聘用、业务推广以及资金调配的权力（工作职权）。是这样吗，李总？"

相关链接 7

卢正强是一家贸易公司市场部的统计员，工作前在一所名牌大学读市场营销专业。他有一个特点，就是喜欢在公众场合炫耀自己的学识。有一次，市场总监召开销售人员会议，部署下一步的市场营销工作，卢正强列席参加会议。市场总监让卢正强参加会议的目的是让他了解前期市场的销售数据，为他的统计工作提供支持。没想到市场总监宣读完一份销售方案，让大家发表意见时，卢正强却第一个站出来唱反调。卢正强针对一些具体问题侃侃而谈，指出了销售方案的不可执行性。而除了卢正强之外，别人都没提什么反对意见，只是说了一些表决心的话，比如"一定好好执行销售方案"以及"力争创造更大的业绩"等。

几个星期后，市场总监找到卢正强，让他到一个业绩差的外地办事处工作。卢正强曾私下称到那个地方工作叫"发配"，没想到自己却被"发配"了。况且，按照销售方案，那个外地办事处很可能要被撤销，为什么还要派自己去呢？卢正强向市场总监说出了自己的困惑。市场总监说："你有很强的营销能力，在统计岗位上发挥不出来，派你去，是让你改变那里的局面。相信你会取得好的业绩的。"卢正强又不情愿地找到总经理，他没想到总经理说的话跟市场总监对他说的话一模一样，显然他们早就沟通好了。

同事们心中暗笑，那只不过是市场总监的借口罢了，下一步那个外地办事处就要被撤销，卢正强恐怕也要跟着被裁掉。果然，不久之后，那个外地办事处被撤销了，卢正强也被裁员了。

（四）目标明确地与领导沟通

领导每天需要面对和解决的事情很多，为了提高沟通的质量，工作人员要提前把沟通的目的以及表达的方式思考成熟，对领导的工作日程也要有个清晰的了解，还要对领导的心情做个大致的揣摩。与领导沟通时，一定要抓住重点，简短明快，而不能东拉西扯、词不达意，做到思路清晰、观点精炼、语言流畅、逻辑性强，遣词用语朴实、准确。关键语句要认真推敲；列举数字一定要准确无误，尽量避免"大概""估计""可能"之类的模糊词语。这样既能节省时间，也能使沟通更为有效。

"凡事预则立，不预则废。"无论请示还是汇报，要想达到预期目的，事先都必须做好准备。首先要做好思想准备。向领导汇报，既要消除紧张心理，又要克服无所谓的态度，调整情绪，树立信心，认真对待。其次，要做好资料准备。"巧妇难为无米之炊"，充分占有资料是汇报成功的基础。如果情况不熟悉，或某方面的情况还不明了，就不能凭主观臆断、道听途说去汇报，搞所谓的"领导要，我就报，准不准，不知道"那一套。只有通过调查了解、准确掌握情况，才能进行请示汇报。再次，要搞好"战术战略"。如果是就某个特殊问题请示领导批示，自己心中至少要有两套以上的解决方案，并对其利弊了然于胸，必要时向领导阐述明白，并提出自己的主张，争取领导的理解和支持。如果是就某项工作加以汇报，要在明确领导意图的基础上，确定汇报主题，把握汇报重点，组织汇报材料，合理安排内容的顺序与层次；对汇报中可能出现的情况及领导可能提出的问题，要做到心中有数，绝不能仓促上阵。

除了紧急事件需及时请示、汇报外，还应注意选择以下时机：当本人分管或领导交办的工作告一段落时；工作中遇到较大困难，想求得领导帮助支持时；领导决策需要某方面的信息时；领导主动询问有关情况时；领导有空余时间等。汇报不仅要注意时机，还要区别场合，可以通过会议形式正式汇报的，尽量不要不分场合临时汇报；当领导公务繁忙或工作中出现困难，心情烦躁时，一般不宜贸然开口汇报。我们常推荐选择在上午十点左右对领导进行汇报或请示，此时领导可能刚刚处理完早晨的业务，有一种如释重负的感觉，同时正在进行本日的工作安排，此时员工请示或者汇报，会容易引起领导的重视。还有一个较好的时间段是在午休结束后的半个小时里，此时领导经过短暂的休息，可能会有更好的体力和精力，比较容易沟通。同时还要选择好沟通地点，如果与领导沟通的是员工的私事，则宜在私人地方沟通，但是也不能一概而论。如果因工作中的问题进行沟通可以在办公室完成，其他问题可以在非正式场合下完成，利用非角色身份在非正式场合中沟通，可以缩短彼此之间的心理距离，使气氛轻松，沟通效果更好。总之，应选择领导乐意听取汇报的时机进行汇报，以取得预期的效果。

相关链接8

某单位刚购置了一批计算机及相关设备，并准备修建一个机房。但在机房安置空调机一事上，领导却不肯批准，认为单位的其他同事们都在没有空调的情况下办公，不宜单独对机房破例。虽然有关同志据理力争，说明安装空调是出于机器保养而非个人享受的需要，但仍不能说服领导。有一次，单位的领导与同事们一起出去旅游、参观，在一个文物展览会上，领导发现一些文物有毁坏和破损，就询问解说员。解说员解释说，这是由于文物保护部门缺乏足够的经费，不能使文物保存在一种恒温状况下所致，如果有一定的制冷设备，如空调，这些文物可能会保存得更加完善。领导听后，不禁有些感慨。此时，站在一旁的机房负责人老王乘机对领导低语："刘局长，机房里装空调也是这个道理呀！"刘局长看了他一眼，沉思片刻，然后说："回去再打个报告上来。"后来，这位领导果真批准了机房的要求，为他们装上了空调。

三、与上级沟通的注意事项

（一）服从上级的领导，不要对上级采取抗拒、排斥态度

下级服从上级是起码的组织原则。一般情况下，上级领导的决策、计划

不可能全是错误的，即使有时上级从全局出发考虑，与小单位利益发生了矛盾，下级也应服从大局需要，不应抗拒不办。更何况有的人因为与上级有矛盾，明知上级是对的，也采取抗拒、排斥态度，那更是不应该。感情不能代替理智，领导者处理工作关系，不仅有情感因素，更要求理智地处理问题。顶撞、抗拒、排斥不是改善上下级关系的有效途径。下级与上级产生矛盾后，最好能找上级进行沟通，就是上级的工作有失误，也不要抓住上级的缺点不放，及时地进行心理沟通，采取谅解、支持和友好的态度，更利于开展工作。

（二）敢于指出和弥补上级的失误，但不一定用逆耳之言

上级做决策、定计划、实施指挥，困于各种限制，难免会出现失误。发现领导失误之后，不能为讨上级欢心就投其所好，助其蔓延，也不能害怕上级不高兴而沉默不语，应当及时指出，使失误尽快得到纠正。这样才能减少损失，否则，错误的决策、计划蔓延发展，总有一天不仅要祸及组织，还会祸及自身。当然，指出上级的错误不一定非要用逆耳之言。有些人认为"忠言逆耳利于行，良药苦口利于病"，但是他们不知道，如果能达到治病的目的，忠言不逆耳、良药不苦口效果更好。指出上级的失误，不一定开口就大讲其弊，开口就说人家错了，有时上级心理不一定承受得了，不妨采取点"以迂为直"的战术，走走迂回路线，这样有可能收到更好的效果。

相关链接 9

司马瑞大学毕业后，经过一轮又一轮的面试和选拔，终于如愿进入了一家著名的互联网公司。按照公司规定，新员工要参加为期3个月的入职培训，主要是了解公司文化、熟悉公司规章制度等。

有一天，公司的人力资源经理亲自来授课，点名时因疏忽而将一个人的姓名念错了。这个人与司马瑞同住一间集体宿舍，因为姓名比较生僻，所以经常被别人读错，他也习以为常了，所以就含糊地应了一声。

人力资源经理正想继续点名，司马瑞却突然大声说道："错了，错了，念错了！"人力资源经理愣住了。司马瑞纠正完毕后，除了人力资源经理之外，在座的员工都忍不住哈哈大笑起来。

从此，人力资源经理就记住了司马瑞这个人，并一直在寻找一个报复的机会。3个月的培训很快就结束了，分配岗位时，别人都被分到很有发展潜

力的岗位上，司马瑞却被人力资源经理"用心"安排到公司的网络管理员岗位，这与司马瑞的心理预期相差太远。

司马瑞找到人力资源经理要求换岗，人力资源经理的答复是："对公司来讲，每个岗位都是重要的。"司马瑞这时才明白，自己已经把人力资源经理给得罪了。

（三）要设身处地从上级角度想问题，不要越俎代庖

上级要关心、帮助、支持下级，这是不言而喻的。但是在人际交往中，特别是在与上级的交往中，下级经常会发生非感情性的心理障碍，即不设身处地考虑上级在实际工作中遇到的情况，脱离现实主客观条件对上级提出要求，如果达不到，则进行"发难"。上级工作也有上级的难处，如果能假设自己是上级，就会理解上级的困难，体谅上级的苦衷，不给上级增加无法解决的难题。

相关链接 10

曹刚的领导马经理是个脾气暴躁的人，经常为自己一时冲动犯下的错误而懊悔不已。作为助理，曹刚有义务在必要的时候提醒领导，避免因为一时冲动而做出错误的决定。但马经理在气头上的时候，很难听进去别人的建议。曹刚为此动了不少脑筋。

由于曹刚善解人意、头脑机灵，做事情周到细致，马经理对他也信任有加。这样一来，曹刚的胆子也就大了，为了让马经理少失误，他对马经理一时冲动之下作出的指示能压就压、能拖就拖。曹刚认为，自己这样做是为了马经理好，自己的做法虽然有些出格，但相信马经理也会理解自己的良苦用心，不会过分计较。几次下来，他果然为马经理挽回了几次失误，马经理也没说什么。曹刚更加得意，却不知道马经理的不满正在蓄积，直到有一天爆发出来。

一次，马经理从另外一家供货商那了解到，给公司供货的张老板的报价普遍偏高。一想到对方连自己这样的老客户都敢"黑"，马经理禁不住怒从心起，当即决定改由另一家供货商李老板为公司供货，取消了张老板的供货资格，还写了一封信痛斥张老板，交给曹刚让他寄出去。曹刚觉得马经理又犯了老毛病，他便自作主张把信压下来没发。

果不其然，马经理又犯了容易冲动的错误。另一家供货商李老板的报价虽然低，但产品质量有问题，让公司的信誉蒙受了损失。马经理知道后，懊悔不已地说："糟了！糟了！还是张老板的货质量有保证。可是，我怎么那么糊涂，写信把他臭骂了一顿，这下可麻烦了。"

站在一旁的曹刚有些得意地说："是啊！当初我就说让您冷静，您不听啊！"

"都怪我在气头上，想这小子一定是把我给骗了，要不然别人的货怎么那么便宜。"马经理在办公室里来回踱着步子，突然他停下来，指了指电话说："给张老板拨电话，我亲自给他道歉！"

"不用了。告诉您，那封信我根本没寄。"曹刚微笑着说。

"没寄？"马经理有点诧异。

"对！"曹刚说。

"嗯……"马经理坐了下来，如释重负。过了一会儿，马经理又若有所思地问道："可是我当时不是叫你立刻发出吗？"

"是啊！但我猜到您会后悔，所以压下了。"曹刚回答。

"压了三个礼拜？"马经理问。

"对！您没想到吧。"曹刚回答。

"我是没想到。"马经理神色有些不对地说，"可是，我叫你发，你怎么能压？其他几封让你发的信，你也压了吗？"

曹刚完全没有察觉到马经理的神色变化，依然非常得意地强调说："其他几封信我没压，我知道什么该发，什么不该发……"

没想到，马经理霍地站起来，沉声问："你说了算，还是我说了算？"

"难道我做错了吗？"曹刚呆住了。

"你做错了！"马经理斩钉截铁地回答。

(四) 交往要有耐性，要经受得起挫折和反复

下级不可避免地要向上级提工作建议，在向上级提建议时要有耐性。一般说来，上级要比下级高明一些，但是客观情况并非完全如此，在某些问题上，下级的认识高于上级的认识是正常的。

当下级的认识高于上级时，要取得上级的支持，必须有不怕挫折、不怕反复的精神，要反复地向上级说明自己的观点，逐步使上级了解新建议的内

容与好处，从而达到说服上级、取得上级支持的目的。有时，由于上级不理解，还可能招致指责和批评，这时千万不能气馁，应该勇敢接受挫折、误会和指责，继续坚持下去。如果缺乏坚持精神，就会使美好的愿望夭折在磨难之中，而坚持下去就可能会出现"柳暗花明"的局面。

相关链接 11

王玥大学毕业后来到一家跨国公司，当了一名办公室职员。当王玥第一天来到公司上班时，就给同事们留下了深刻的印象。她一头乌黑柔顺的长发，声音甜美，打眼一看就是一个温柔娴静的女孩。在同事们看来，她的性格和她的工作简直是相得益彰。

可是时间长了，同事们渐渐发现王玥的性格并不像她外表看上去那样。她心直口快、脾气火暴，无论跟谁说话都一副不管不顾的样子，想到什么就说什么，从来不顾及别人的感受，就连自己的领导她也丝毫没有任何忌讳。尤其是在被领导骂过之后，她更是一副火山喷发的做派。

王玥的这种性格使她在工作的过程中总是会出现这样那样的问题，这让她的领导十分头疼。

一天，王玥的领导吩咐她给自己准备一份开会用的重要文件，然后放在公文包里，王玥随口答应着就去准备了。可就在她拿着这份重要文件走向领导的办公室时，同事乔小丽跑来拉着她去喝咖啡。王玥正觉得无聊，听说要去喝咖啡，一时开心极了。于是，她匆匆忙忙地把这份重要文件往领导的办公桌上一放，就一溜烟地跟乔小丽一起喝咖啡去了。

王玥的领导拿着公文包火急火燎地赶到会场，可是等到马上要轮到自己发言时，他才发现文件没在公文包里。无奈之下，他只得借故退出了会场。

这边的领导心急火燎，而那边的王玥却在和乔小丽谈天说地，不亦乐乎。气急败坏的领导回到办公室，发现王玥不在，火气更大了。他立刻给王玥打电话，叫她马上赶到自己的办公室。

过了半个小时，王玥才推开了领导办公室的门。看着她一副漫不经心的样子，领导大声喝道："你是怎么搞的，竟然没有把我要用的文件放进公文包里，害得我不得不中途退场。这么一点小事都办不好？"领导越说越来气，语气也越来越重。

刚开始的时候，王玥还在为自己的失误感到自责，可是听领导说得如此难听，她再也无法压制住心中的怒火。于是，她便把声音提高八度对领导吼道："我是工作失职，可是你也没必要把话说得这么难听吧！一点领导的风度都没有，还训斥别人呢！我下次注意不就行了，你至于这样大动干戈吗？"

领导一听，顿时火冒三丈地警告道："有再一再二，没有再三再四，看在你是一个新人的份上，这一次我就不追究了，你回去写份检讨交给我。"

职场演练 1

和领导沟通能力小测试

在说服领导时，你注意过以下要点吗？

说服领导的要点	一贯如此（3分）	经常如此（2分）	很少如此（1分）
能够自始至终保持自信的笑容，并且音量适中			
善于选择领导心情愉悦、精力充沛时的谈话时机			
已经准备好了详细的资料和数据以佐证你的方案			
对领导将会提出的问题胸有成竹			
与领导沟通时，语言简明，重点突出			
和领导交谈时，亲切友善，能充分尊重领导的权威			

14~18分：能在工作中自觉运用沟通技巧。你是一个非常受欢迎的人，你的领导很赏识你。

7~13分：你已经掌握了很多沟通的技巧，并已经尝试着在工作中运用。你的领导认为你是一个有潜力的人，但你还需加紧努力。

0~6分：你应该抓紧时间学习一下和领导的沟通技巧了。因为你现在和领导的关系很不融洽，适当改善沟通方法，可以帮助你充分发挥自己的能力，去争取更为广阔的发展空间。

职场演练 2

案例1： 小贾是公司销售部一名员工，为人比较随和，不喜争执，和同事的关系处得都比较好。但是，前一段时间，不知道为什么，同一部门的小李老是处处和他过不去，有时候还故意在别人面前指桑骂槐，对要合作的工作任务也都有意让小贾做得多，甚至还抢了小贾的好几个老客户。起初，小贾觉得都是同事，没什么大不了的，忍一忍就算了。但是，看到小李如此嚣张，小贾一赌气，告到了经理那儿。经理把小李批评了一通，从此，小贾和小李成了绝对的冤家。

案例2： 有一家公司，新近招聘了几位员工，在全员大会上，老板亲自介绍这几位新员工，老板说："当我叫到谁的名字，就请他站起来和大家认识一下。"当念到第三个名字"周华"时，没有人站起来。"周华来了没有？"老板又问了一声，这时一位新员工怯生生地站了起来。"您是不是在叫我，我叫周烨，是中华的华加一个火字旁。"人们发出一阵阵低低的笑声。老板脸上有些不自然。"报告总经理，"这时秘书小王站起来说，"是我工作粗心大意，打字时把烨字的火字旁丢了，打成了周华。""太马虎了，以后可要仔细点。"老板挥挥手，接着往下念，尴尬局面就此化解。没过多久，小王得到了升迁。

案例3： 甲乙两个人都是某领导的秘书，并且两人的才能不相上下，都能写一手好文章，但是两个人的做法不同。秘书甲很善于领会领导的意思，写出的稿子往往是一锤定音，领导也挑不出毛病来。而秘书乙则显得似乎有些笨拙低效，每次初稿总是有些不尽人意的地方，但经领导一点拨立刻就能改得漂漂亮亮做到二稿通过。几年后人们发现秘书甲仍然还在原来的位置上，而乙却早已另有重用。有人问秘书乙其中的奥妙，早已不再是秘书的乙微笑道："如果你的水平能与领导一样高，甚至比领导还高，那要领导干什么？"这个例子说的就是一个心理学上的问题，秘书乙正是通过以退为进的办法，主动贬抑自己来突出领导的高明，从而使领导获得了某种心理上的满足感。这样使领导有一种成功感，而正是这种感觉使秘书乙获得了自己的成功。

分析与讨论

请对上面三个案例进行比较分析。

第二章　与同事真诚沟通

圣经中有一句话："你希望别人怎样对待你，你就应该怎样对待别人。"这句话被大多数西方人视作工作中待人接物的"黄金准则"。每个人都渴望被重视、被尊重。真正有远见的人明白，要获得同事的信赖和合作，不仅要在日常交往中为自己积累人脉，同时也要给对方留有相当大的回旋余地。针对不同场合运用不同的沟通技巧，可使自己博得同事的好感与接纳，为自己创造融洽和谐的关系氛围，利于工作的开展。

职场故事

拉拉大学毕业刚到单位的时候，有几个关系比较好的同事，和他一样都是新来的，由于大家被分配的办公室不同，平时也不容易看到。拉拉开始感到有点不适应了，到了办公室都不知道和谁说话。感觉别人是一群人聚集在一起，讨论他们彼此熟悉的人和事，而自己作为新人，一下子感觉不合群。

拉拉下定决心要打破这种被动的局面。一天，一个同事的行为启发了他。那是早上上班时，那位同事见他进办公室就说了一句："拉拉，早啊！"正是这句温暖的话语让他觉得无比亲切。

他受到了启发：作为一名新人，很多同事在路上和自己打招呼，但是他却叫不出其他同事的名字，甚至连他们的姓氏或者他们做什么工作都不知道，这样很不礼貌，更不利于同事之间的交往。办公室里有一张名单，上面有每个同事的名字、所在部门，于是拉拉按照名单开始用心记住他们的名字和部门。每当他看到一个不认识的同事，他就问已经认识了的同事，知道他们的名字后，就开始了解他们的相关信息。

每当认识了一个新的同事，拉拉就在纸上做记号。过了大约一个星期，他终于把这一间大办公室里的五六十人都对上了号，路上碰到这些同事也都能自如地打招呼了。

很多同事都很佩服他，短短时间，好像全公司的人都认识了，其实他们不知道他是费了一番功夫才记住他们的。因为拉拉知道，在路上碰到一个同事，单单说一句"你好"和问候一句"某某，你好"是有本质不同的。

尽快记住同事的名字，让对方感觉自己很重要，你才会变得重要！与对方建立和谐的关系，对你的工作会有很大的帮助。

俗话说得好，一个好汉三个帮。在职场，一个人想获得成功，要靠集体的力量，没有他人的理解和工作中的配合，事业是很难成功的。学会与同事沟通，对一个职场人来说是成功的关键因素。

一、与同事沟通的基础

（一）以诚相待，平等对待同事

真诚是人与人相处的根本，沟通的有效性就在于真诚。精诚所至，金石为开，对方认可了你的真诚，沟通就有了良好的基础。无论是什么样的同事，你都应当平等对待，建立起和谐的工作关系。

在我们的工作中，很多人都只站在自己的角度，争取自己的利益。工作中斤斤计较、喜欢占小便宜、只顾眼前利益的人肯定会被同事讨厌，许多时候是占了小便宜，吃了大亏。在工作中应体现你的大度，因为你将赢得更多同事的信任和尊重，这样当你需要别人的信任和帮助时，别人才会不遗余力地支持你。

相关链接 1

小王毕业于一所名牌大学，由于在学校里表现优异，能力突出，毕业后如愿进入了某中央国家机关。小王对自己的能力有着极大的自信，以为自己的热情和努力很快就会得到上司同事的认可。但出乎意料，工作了一段时间，小王发现同事们背后对他指指点点，非议颇多，到底是什么原因呢？

原来，小王一心想干出成绩来，对办公室的一些琐事从来不放在眼里，诸如打开水、搞卫生等琐事，虽然来了几个月，但小王一次也没干过。在日常交往的过程中，他不拘小节、大大咧咧的性格也引起了同事和上司的不满。比如，和同事一起进出时，进门自己先进、出门自己先出；同事或上司到他面前，本来作为新人应当及时地从座位上站起来，但小王翘着二郎腿往椅子上一靠，同事和上司虽然表面上不说什么，但心里的意见就大了。就是诸如此类的琐事，影响了大家对他的评价。

(二) 尊重和理解同事

有效沟通必须做到尊重和理解，不是所有的沟通都能使彼此认同对方、达成共识。意见分歧、观点对立是常有的事，重要的是尊重和理解。彼此尊重，要先从自己做起，宜采用商谈、讨论以及提出建议的方式，而不能以"命令"或责怪的口吻把自己的想法强加于沟通对象。

多倾听对方意见，重视对方意见，要给对方留面子。给对方留足面子，其实也就是给自己挣面子。所以言谈中少用一些"绝对""肯定"等感情色彩太强烈的词，多用一些"可能""也许""我试试看"等感情色彩不强、褒贬意义不太明确的中性词。如果你伤害了对方，让对方对你产生嫉恨，那么更谈不上与你有好的沟通了。

(三) 对同事要宽容

我们的世界因多元化而精彩，要容许形式的多样性、风格的多样性、存在方式的多样性。宽容就是尊重个性，不能强求一律。要学会积极主动地适应别人的性格特点，容忍别人有和你不同的见解和感受，体谅别人的处境，在心理上接纳别人，学会欣赏别人，只有你欣赏别人，别人也才会欣赏你。同事之间最容易产生利益关系，如果对一些小事不能正确对待，就容易形成隔阂。宽容他人，就是善待自己。在现实生活中，许多事情不妨试着用宽容解决一下，或许它能帮你实现目标、解决矛盾、化干戈为玉帛。人与人交往，难免会有许多误会、矛盾甚至冲突，这些其实都源于沟通不畅。但如果因为工作中的矛盾而产生个人矛盾就很难调节。

1. 以大局为重，多补台少拆台

在合作过程中，有了成绩，不要把功绩包揽给自己。合作中出现失误和差错，要勇于负起责任，该承担的要承担。要形成团队合作的观念，多补台少拆台，不能让人笑话，更不能落井下石。

2. 对待分歧，应求大同存小异

同事之间由于经历、立场等方面的差异，对同一个问题，往往会产生不同的看法，引起一些争论，一不小心就容易伤和气。因此，与同事有意见分歧时，不要过分争论，客观上，人接受新观点需要一个过程，主观上往往还伴有"好面子""争强斗胜"等心理，彼此之间都难以信服，此时如果过分争论，就容易激化矛盾而影响团结。

如果涉及原则问题，当然不能"以和为贵"，不坚持，不争论，刻意掩盖矛盾。面对问题，特别是在发生分歧时，要努力寻找共同点，争取求大同存小异。实在不能一致时，不妨冷处理，表明"我不能接受你们的观点，我保留我的意见"，让争论淡化，又不失自己的立场。

3. 对待升迁、功利，要保持平常心，不要嫉妒

许多同事平时一团和气，然而遇到利益之争时，就当"利"不让；或在背后互相谗言，或嫉妒心发作，说风凉话。这样既不光明正大，又于己于人都不利，因此对待升迁、功利要时刻保持一颗平常心。

4. 与同事交往时，保持适当距离

在一个单位，如果几个人交往过于频繁，容易形成表面上的小圈子，让别的同事产生猜疑心理，让人产生"是不是他们又在谈论别人是非"的想法。因此，在与同事交往时，要保持适当距离，避免形成小圈子。

5. 发生矛盾时，要宽容忍让，学会道歉

同事之间经常会出现一些磕磕碰碰，如果不及时妥善处理，就会形成大矛盾。俗话讲，冤家宜解不宜结。在与同事发生矛盾时，要主动忍让，从自身找原因，换位为他人多想想，避免矛盾激化。如果已经形成矛盾，自己做得不对时要学会道歉，以诚心感人。退一步海阔天空，如有一方主动打破僵局，就会发现彼此之间并没有什么大不了的隔阂。

二、与同事的相处技巧

（一）灵活表达观点

生活中，我们都喜欢对方直来直去，说话坦诚相对，没有拐弯抹角。但是，职场中直来直去的性格却未必受欢迎，相反，职场中适当来些拐弯抹角也许更有利于人际往来的融洽。

从心理学的角度看，直率是人性中最本质的部分。人们普遍认为孩子是单纯的，他们没有受过世俗的污染，处处表现出天然的真实，这大概就是所谓的"天真"。他们的率直是本性的真实体现，对外界事物的直接感受可以通过语言表达出来，而这种直接的表达是可以被接受的，这就是所谓的"童言无忌"。

相关链接 2

李岚是个心直口快的人,所谓的含蓄婉转她向来不会,所以经常得罪同事。一次,饮水机没水了,她对同事张铭说:"帮个忙换桶水吧,就你闲着。"张铭一听不高兴了:"什么就我闲着?我在考虑我的策划方案呢。"李岚碰了一鼻子的灰。

李岚跑到销售部:"张主任,你给我把这月的市场调查小结写一下吧。"张主任头也没抬,冷冷地说:"刚当上管理员,说话就是不一样了。"显然张主任生气了。

当天,几个同事在一起谈话,让李岚说一说对公司管理的看法。于是李岚竹筒倒豆子,噼里啪啦一吐为快:"我认为目前我们公司的管理非常混乱,有令不行、有禁不止,简直像个乡下企业。"大家不爱听了,认为李岚话里有话,似乎同事们都是坏蛋,就她一个人是好人。

和孩子不同,在职场的人际交往中尤其需要注意说话的方式,要善于做到不讨人厌,好心办好事就要有个好结果,提建议和意见要讲究时机、方式和方法。

绝大部分的人都好面子,尤其是有身份的人,观察现场的气氛、对方的情绪是否适合直抒胸臆,有些意见点到为止,或者暂时搁置一下,甚至干脆等对方自醒自悟也未尝不可,不必立马分出高低。

古人说"六十而耳顺",既包含了虚怀若谷、有则改之无则加勉的胸怀,也包含了含而不露、润物细无声的境界。悟清了这些,对于良好的初衷能取得良好的结果也会有所裨益。

总之,和同事意见相左,或看到同事有明显错误或缺点时,如果无伤大雅、不关原则,则大可忽视,不必斤斤计较。即使的确有必要指出,也要考虑时间、地点和对象的接受能力,委婉指出。如果过于直率,即使你是实话实说,也不会受到欢迎。沟通中的语言至关重要,应以不伤害他人为原则,要用鼓励的语言,不用斥责的语言;用幽默的语言,不用呆板的语言。

相关链接 3

刘敏工作多年了,各种事情遇到很多,但是她经常得罪人,主要是因为她的心里搁不住事情，有什么就说什么，从不会隐瞒自己的观点。

有的同事把茶水倒在纸篓里，弄得满地都是水，她会叫他不要这样做；有的同事在办公室里抽烟，她会很反感地请他出去抽；有的人爱没完没了地打电话，她就告诉他不要随便浪费公司的资源……她这样做是出于好心，因为如果让经理看见了，同事免不了会受到批评。

可是，好心没好报，她这样做的结果是把同事都得罪了，每个人都对她有一大堆意见，甚至大伙一起去郊外游玩也故意不叫上她。有一次她实在很生气，就向经理反映，没想到经理也没有对她表示认同，弄得她在公司里更加被动。她很想不通，明明我是实话实说，为什么结局会这样呢？难道做人就一定要虚伪吗？

实话实说本身并没有错，心胸坦荡、为人正直是许多人都赞赏的美德，但实话实说也要考虑时间、地点、对象以及他人的接受能力，否则不但无法达到善意的初衷，而且会给自己带来麻烦。

（二）赞美常挂嘴边

同事的进步要适时关注、适当赞美，同事的微小变化也要注意发现。要时常面带微笑，对他人微笑本身就是一种赞美。微笑的魅力是无穷的，每次走到办公室里，抬头挺胸，积极阳光，微笑着向同事问好，这种情绪是会感染他人的。只有这样，别人才愿意与你交往。

职场中，良好的人际关系能促使工作顺利进展，而赞美又是必不可少的人际关系润滑剂。在工作中，巧妙地运用赞美，让你的上级欣赏你，让你的同事帮助你，让你的客户信任你，让你的工作得以顺利完成，晋升还会遥不可及吗？

虽然赞美的力量如此之大，但并不是所有人都可以将赞美策略运用自如。赞美也有巧拙之分，聪明得体的赞美，会让对方如遇知己；随意虚假的奉承，会让对方唯恐避之不及。那么，怎样才能让赞美产生神奇的魔力呢？总结起来，赞美主要有以下几个要点。

第一，赞美从对方的优点入手。

在职场共事，一般人往往容易注意别人的缺点而忽略别人的优点及长处。因此，发现别人的优点并给予由衷的赞美，就成为职场中难得的美德。无论对象是上级、同事，还是下属或客户，没有人会因为你的赞美而动气发怒，反而会心存感激并对你产生好感。

如果你的老板正好取得了事业上的成功，那么你就由衷地去赞美，为他的成功而自豪。他的最闪亮的时刻是他自我价值实现的那一刻，你可以尽情地赞美并表达你的崇拜。无论怎样，领导都不会拒绝别人的崇拜。

第二，赞美要真诚，发自内心。

虽然人都喜欢听赞美的话，但并非任何赞美都能使对方高兴。能引起对方好感的只能是那些基于事实、发自内心的赞美。相反，你若无根无据、虚情假意地赞美别人，他不仅会感到莫名其妙，还会觉得你油嘴滑舌、诡诈虚伪。

成功学家卡耐基说过："与人相处的最大诀窍就是给予真诚的赞美。"赞美别人是一种有效的投资，说赞美的话并不会浪费你太多的时间和精力，却能赢得人缘、成就大业，那你又何乐而不为呢？

第三，赞美也需有远见。

事情还没有最终完成之前，赞美一定要谨慎。因为，越到最后紧要关头，越容易出现问题。功败垂成，并非偶然有之。但有的人看问题就很轻率，他们见事情进展顺利，就开始乐观地预测，估计到十有八九成，就禁不住内心的喜悦和冲动，大加赞叹。于是顺口夸道："这事对他来说，还不是小菜一碟，不信就走着瞧吧，他肯定干得很漂亮！"

君子一言，驷马难追。一旦你盛赞的某某失败了，岂不贻笑大方？连你也会成为他人取笑的把柄。所以，赞美不仅要实事求是，还要高瞻远瞩，经得起推敲和时间的考验。

第四，在赞美词上要再三斟酌。

在生活中，并不是人人都有好的口才，许多人的赞美因此往往"美"不起来。有的人说话不自在、不自然、不连贯，甚至面红耳赤，自己别扭，别人听了更别扭。所以，在赞美别人前要斟酌好用词，要自然、顺畅，不要使赞美变成送给别人的惩罚，使人既不痛快又特别费神。

在工作中，巧妙地运用赞美，让你的上级欣赏你，让你的同事帮助你，让你的客户信任你，让你的工作得以顺利完成，那么成功离你还会远吗？

（三）多与同事联络

不要和同事争荣誉，这是最伤害人的。你帮助同事获得荣誉，他会感激你的功绩和大度，更重要的是可以增添你的人格魅力。要远离争论，对一些非原则性的问题，切忌去争什么你输我赢，否则，其结果只能使双方受到伤害，百害而无一利。

在同事的交往中可能会有相处要好的，形成了自己的交际圈。在激烈竞争的现实社会中，对进入自己人际圈的同事要常常联络，一个电话，一声问候，就拉近了同事之间的距离。

相关链接4

许强从学校毕业进入了一家小型公司，工作了一段时间之后，他很幸运地通过了一家大型公司的面试，进入了这家公司工作。对于一个新员工来说，如何加强自己的竞争能力，是必须思考的问题。在上千人的大型公司工作，不像在小公司里样样都得自己来，在这里工作的优点是可以专注于自己擅长的工作，缺点是公司人才众多，自己拥有的"舞台"面积缩小了，不再像以前一样可以挥洒自如。"要让高层主管知道我的能力，起码先要他们认得我，公司这么多人进进出出，能让他们叫得上名字的底层人员也没有几个。但是，怎么才能够让高层主管人员认得我呢？"小许总是想着这个问题。

时间过得很快，又到年底了，依照惯例，公司根据年终盈余发放年终奖，不管拿多少奖金，大伙儿也要对发放的比例金按着"惯例"批评、讽刺一番，好像不这么做就不能表示出自己一年来工作的辛苦和业绩。发放奖金之后的第二天，在公司总经理和几位高级主管的桌上都静静地放着封"感谢函"，内容是感谢这些主管辛苦的指导和带领，署名是许强。

当许强"又"在公司的电梯口碰到总经理时，总经理笑着对他说："噢！你就是许强啊！"

三、与同事沟通的禁忌

（一）切勿背后议论别人

尊重别人的隐私是保护自己的最好方法。决不能把同事的秘密当作取悦别人或排挤对方的手段，害人之心不可有。以宽容、平和的心对待别人的隐私，是在为自己减少惹来不必要的危险和烦恼的机会。

相关链接 5

小齐学的是财会专业,大学毕业后,在当地一家很有名气的公司就职,公司所给的待遇也不薄。小齐每天与比他早来两年的王姐一起工作,因为刚刚工作,有些事情不太明白,她时常向王姐请教。王姐虽然表面笑脸相迎,可背地里却时常把她犯下的小错误告诉上司,并添油加醋地打"小报告"。于是,上司经常批评小齐,而且语气一次比一次严厉。平时自己犯些错误都是因为不熟悉公司工作,可经过王姐的"报告"却在上司心里留下了不太好的印象,这让小齐很懊恼。

为了改变这个局面,小齐对王姐说:"王姐,我刚到公司时间不长,现在学会了这么多东西多亏了你的指点和帮助。可是我毕竟还会经常犯些小错误,王姐,你可要好好监督我,见到我有毛病马上就给我指出来。不然,等到老总发现了,那我可就惨了。"听到这里,王姐有些不好意思地说:"你做得其实不错,我们相互学习吧。"经过这次谈话后,王姐再也没有去上司那里打过"小报告",小齐的工作也越来越出色,得到了公司领导的认可。

(二)切忌公私不分

和同事过于亲密,就容易让彼此有过高的期望值,很容易惹麻烦、被误解。把朋友的这种感情带到同事间来,在有些情况下是可行的,但是在某些情况下则不太容易处理好。如果感情掺杂在同事关系中,有时候会把事情弄得更糟。另外,在办公室的利益冲突下生长的友谊有时候很脆弱,很容易受伤。同事情是一种感情,朋友情是另一种感情,最好和某些同事保持一定的距离,这里并不是排斥友谊,而是要遵守同事间的游戏规则。

相关链接 6

杨雨婷和李洁冰两个人同在一家公司工作,平时关系相处得很不错。年终的时候,公司搞推广策划方案的征集和评比,倡导每一个员工要积极参与,并决定对获奖者进行物质和精神奖励。杨雨婷觉得这是一个自己展露才华的好机会,一定要把握好。于是,她就开始积极准备,对市场进行了深入的调研,一个月以后,根据自己的调研资料和平时对市场工作的观察思考,她很快制作出了一份非常出色的策划方案。

策划方案征集截止的最后一天，李洁冰突然叹了一口气对杨雨婷说："唉，雨婷，你搞得怎么样了，我心里实在是没底啊。这是我的策划方案，你就帮我看看，顺便提提意见吧。"杨雨婷接过李洁冰的方案看了看，觉得她的方案没有一点创意，但自己也不好意思说什么，就把方案还给了她。

李洁冰一边接方案，一边说："你的方案呢，让我也看看吧！"杨雨婷心里一阵懊悔，可自己刚才看了人家的，现在没有理由不让别人看，于是只好极不情愿地把自己的方案递给了李洁冰。但是想到她即便是看了，也还是没法超过自己的，心里就又平静多了。

第二天在征集方案的评审会议上，按照公司的惯例，依然是由李洁冰首先对自己的方案进行讲解。李洁冰站起来说道："真是很遗憾，我今天只能用口头来表述我的方案，都怪我自己的电脑临时出了毛病，文件也被电脑病毒给毁了，但是我会尽快整理出书面材料的。"接着她就讲了起来。杨雨婷一听，非常气愤，因为她讲的方案竟然是自己的那份。总经理并不知情，还对李洁冰的方案大加赞赏，并希望她尽快把方案整理出来，公司也好尽早做好实施的准备。

轮到杨雨婷的时候，她不敢把自己的方案交上去，更不敢揭穿李洁冰的骗局。她害怕别人说自己不知好歹，更害怕总经理不相信自己。她站起来淡淡地说了句："对不起，我没有方案！"然后在众人诧异的眼光中噙着眼泪跑了出去。

（三）切忌将所有责任背上身

很多人怕得罪人而大多不会拒绝同事的请求，企图在办公室做一个老好人，这样的想法是错误的。

谨记自己不是超人。公司并不会要求你解决所有难题，所以最好专注去做一些较重要和较紧急的工作，这比每件工作都弄不好要理想很多。委婉地道出你的苦衷，说出你的原则，必能获得同事的谅解，赢得对方的尊重。

相关链接7

李丽的同事在她时间很紧张的时候协助她完成了一份报告，因此当这位同事需要帮助的时候，李丽二话没说，立刻答应了对方的请求。但有一个问题，这位同事希望李丽代她参加一个会议，并告诉与会者自己生病了。但实际上，同事要和朋友们外出度假。李丽告诉同事撒谎是不道德的行为，但同事却振振有词地说："你欠我人情。"李丽不知道如何是好。经过一番挣扎之后，李丽告诉对方，自己一定会还这个人情，也非常感谢对方之前的帮助，但是她还是不能做有违职业道德的事情。最终，这位同事尊重了李丽的选择。

职场演练1

职场沟通必备的8个黄金句型

1. 句型：我们似乎碰到一些状况。

妙处：以最婉约的方式传递坏消息。

如果立刻冲到上司的办公室里报告这个坏消息，就算不关你的事，也只会让上司质疑你处理危机的能力。此时，你应该用不带情绪起伏的声调，从容不迫地说出本句型，要让上司觉得事情并非无法解决，听起来像是你将与上司站在同一阵线，并肩作战。

2. 句型：我马上处理。

妙处：上司传唤时责无旁贷。

冷静、迅速地做出这样的回答，会令上司直觉上认为你是一名有效率的好部属；相反，犹豫不决的态度只会惹得责任本就繁重的上司不快。

3. 句型：某某同事的主意真不错。

妙处：表现出团队精神。

某某同事想出了一条让上司都赞赏的绝妙好计，你恨不得自己的脑筋动得比人家快，但与其拉长脸孔，暗自不爽，不如偷沾他的光，会让上司觉得你富有团队精神，因而另眼看待。

4. 句型：这个报告没有你不行啊。

妙处：说服同事帮忙。

有件棘手的工作，你无法独立完成，怎么开口才能让这方面工作最拿手的同事助你一臂之力呢？"送高帽""灌迷汤"，而那些好心人为了不负自己在这方面的名声，通常会答应你的请求。

5. 句型：让我再认真地想一想，3点以前给你答复好吗？

妙处：巧妙闪避你不知道的事。

上司问了你某个与业务有关的问题，而你不知该如何作答，千万不可以说不知道。本句型不仅可暂时为你解危，也能让上司认为你在这件事情上很用心。不过，事后可得做足功课，按时交出你的答复。

6. 句型：我很想知道您对某件事情的看法。

妙处：恰如其分的讨好。

你与高层共处一室时，这是一个让你能够赢得青睐的绝佳时机。但说些什么好呢？此时，最恰当的莫过于一个跟公司前景有关而又发人深省的话题。在他滔滔不绝地诉说心得的时候，你不仅获益良多，也会让他对你的求知上进之心刮目相看。

7. 句型：是我一时失察，不过幸好……

妙处：承认疏失但不引起上司不满。

犯错在所难免，勇于承认自己的过失非常重要，不过这不表示你就得因此对每个人道歉，诀窍在于别让所有的矛头都指到自己身上，坦诚却淡化你的过失，转移众人的焦点。

8. 句型：谢谢你告诉我，我会仔细考虑你的建议

妙处：面对批评表现冷静。

自己的工作成果遭人修正或批评，的确是一件令人苦恼的事。此时不需要将不满的情绪写在脸上，不卑不亢的表现令你看起来更有自信，更值得人敬重。

职场演练 2

小丽刚进单位时，任职行政助理。虽然她只有中专学历，但她做事特别努力，深得大家的喜爱。市场部张经理是一个重实绩而轻学历的人，没过多久，他就发现小丽身上有一股闯劲，他大胆地将小丽调到销售部门，并独立主持一个区域的工作。由于工作的缘故，他们经常一起出差，一起吃饭，一起探讨工作。可能因为在一起的时间太多，渐渐地，办公室就传出了他们关系暧昧的流言。

起初小丽对此一无所知。但她觉得周围人的目光越来越怪异，有一次，一位年长的同事意味深长地对她说："不要锋芒太露。"迫不得已，小丽只好去找要好的同事晓梅想问个明白。小丽听完她的话，吃惊得张大了嘴，半天

说不出话来。小丽是一个很要强的人，她不能容忍无凭无据的流言再继续下去。第二天，她就找了办公室里那个最爱传播小道消息的"小广播"，警告她不要随便乱说话，而对方也毫不示弱，结果，双方不欢而散。

这件事发生以后，小丽在工作中常常分心，她有意和张经理疏远，但流言还是愈传愈烈。万般无奈之下，小丽提出了换一个部门的申请。结果，她被换到了公司的售后服务部。可能是因为售后服务部所需要的耐心细致和小丽的性格相去甚远，刚调到新岗位不久，她就与客户发生了争执。原本，这只是一个工作中的失误，但是，新的流言马上又传开了。有人说："小丽以前在销售部的业绩，都不是自己做出来的，而是张经理帮的忙。小丽根本就不能胜任销售部的工作！"最后，这样的流言竟影响到了售后服务部经理，他做出了让小丽停职的决定。

最后，小丽不得不来到总经理的办公室进行"恳谈"。但经理态度坚决，希望她做一次深刻反省。小丽有口难辩，而又急火攻心。此后，她不管遇见谁，都要为自己辩解一番，想通过解释还自己一个清白。可是，谁也帮不了她。她的情绪日渐低落，最后走到了辞职这一步。

分析与讨论

小丽与同事的沟通存在哪些问题？

能力测试

人际关系空气测试

1. 你忽然看到领导与另一个办公室的一位同事正谈着什么，你会想（　　）。

   A. 赶快躲开

   B. 那位同事和领导谈着什么私事

   C. 赶快跑回办公室，把这事告诉你的同事

   D. 没想什么，这很正常

2. 在全体工作会议上，你发现对你格外看重的领导提出了一个实在不算高明的方案，你会想（　　）。

   A. 想一个更好的解决方案

B. 尽力站在他这边

C. 这种人怎么能当领导

D. 管他呢，头儿怎么说就怎么干呗

3. 最近有好几项任务都是别的部门完成，你会想（　　）。

A. 幸好没给我们部门，否则得把我们累死

B. 别的部门的同事的确能力很高

C. 领导认为我们部门人员的能力不行

D. 我们部门永远受冷落

4. 今天是领薪水的日子，你除了想知道自己工资是多少，更想知道的是（　　）。

A. 别的项目组的人得了多少钱

B. 工资单上的项目是否准确

C. 有人会请我吃饭吗

D. 自己看了很久的那件衣服还存在吗

5. 对于你常接触的几个同事的评价（　　）。

A. 每个人有每个人的性格、习惯，很正常

B. 其实说起来，真的不错

C. 这个单位里也就这些人还不错

D. 我们的年龄、爱好差不多

6. 有人说你们几个人是一个小圈子里的，你会想（　　）。

A. 是又怎么样，瞧你们那样，和你们没话说

B. 你们不也是另一个小圈子的吗，还说我

C. 真是冤枉，明天得注意点儿了

D. 有点麻烦，不知道头儿是不是也这么想

7. 你觉得你常接触的几个同事（　　）。

A. 像哥们儿（姐们儿）

B. 像长辈

C. 像邻居

D. 不像什么，就是同事

8. 今天你们部门就你一个人来上班了，你感觉很别扭，因为（　　）。

A. 午休时间过得孤独

B. 本来想告诉他们新来的大学生是头儿的同学的孩子

C. 头儿可能会把所有的活都交给你

D. 这么多活儿谁干

9. 一直对你比较关照的领导要调离到别的单位去了,你会想（   ）。

A. 送他件纪念品

B. 欢送会上我该说点什么

C. 这下我可能要受欺负了

D. 问他可不可以把你也调过去

10. 你认为你在单位其他人眼里的形象是（   ）。

A. 很平常的一个人,和谁都没有什么矛盾

B. 比较有鉴别能力,交往的人能力都较强

C. 个性很强,对别人基本上都看不上

D. 是优秀成员中的一分子

评分标准：

1. A1、B3、C4、D2

2. A2、B4、C3、D1

3. A1、B2、C3、D4

4. A4、B1、C3、D2

5. A1、B3、C4、D2

6. A4、B3、C2、D1

7. A4、B3、C2、D1

8. A3、B4、C2、D1

9. A2、B1、C4、D3

10. A2、B3、C1、D4

人际空气指数：

10~15 分：空气略有些稀薄,你虽然没有陷入什么小圈子,但是好像也过于独来独往。你是否注意到,当大家都喜笑颜开的时候,你往往不知所措地站在一边。如果不是性格过于孤僻,你完全可以和大家建立更融洽的关系。其实,与大家建立良好的关系,只需主动地走上前——一切从一个微笑开

始。

15~25 分：空气清新，令人舒畅。你能很融洽地处理单位里的各种人事关系，与同事间不亲也不疏。

25~35 分：空气轻度污染，你现在可能和几个人接触过于密切，其实对你而言可能真的没有意识到这种关系的存在，但是对旁观者而言，你的种种表现可能更像某个利益群体的一份子。不妨在午休时间多到别的办公室转转，自然地加入别人讨论的话题。

35~40 分：空气重度污染，主要原因是过于封闭的环境使人际空间缺乏流通的空气。你是否注意到，你与几个人的关系已经超越了"好同事"的定义，当你们其中一人的观念或是利益与别人发生冲突的时候，你和你们当中的每一个成员都仿佛受到了伤害，立即加以反击。记住，圈子越紧，离群体越远。

能力测试

测测你的职场"人缘"

在职场上，你的人际关系如何？在办公室中，你有没有好的人缘？测试开始！

1. 新同事到公司第一天，你会：
（1）不与他（她）打招呼，以后再认识→0 分
（2）等他（她）来与你打招呼→1 分
（3）先做完手中的工作，再去与他（她）打招呼→2 分
（4）立即与他（她）打招呼，并介绍自己→3 分

2. 同事升职，你会：
（1）有妒忌心理，但不表露出来→0 分
（2）找机会请他（她）吃饭或喝茶，借机拉近关系→1 分
（3）顺其自然，乐于接受他（她）的领导→2 分
（4）向他（她）表示祝贺→3 分

3. 你升职了，资历比你长的同事对你的领导不服，你会：
（1）找机会给他点苦头吃→0 分

（2）随他去，他会自己调整好情绪的→1 分

（3）向上级反映，请上级出面协调→2 分

（4）直接与他（她）沟通→3 分

4. 公司推行竞争上岗，你最有希望成为部门经理，但原来的部门经理是你的好朋友，你会：

（1）放弃→0 分

（2）把自己的为难之处告诉上司，请上司决定→1 分

（3）与好朋友交流后再决定→2 分

（4）参加竞争→3 分

5. 作为上司，你须裁员两人，一个是你的好朋友，另一个工作能力比你的朋友强，你会：

（1）留下好朋友→0 分

（2）向上级反映，请上级决定→1 分

（3）部门开会投票决定谁留下→2 分

（4）裁减好朋友→3 分

6. 你与某个异性同事交往较多，同事之间传出你的桃色新闻，你会：

（1）寻机报复散布流言的同事→0 分

（2）身正不怕影子歪，与异性同事交往如故→1 分

（3）减少与异性同事的交往→2 分

（4）找机会向同事说明真相→3 分

7. 异性上司对你有性骚扰的行为，你会：

（1）这好像不是什么坏事→0 分

（2）不声张，内心默默承受痛苦→1 分

（3）婉拒，不恶化与上司的关系→2 分

（4）明确拒绝，表明态度→3 分

8. 你在工作中得罪了上司，他（她）找借口扣了你的奖金，你会：

（1）向同事诉苦→0 分

（2）保持沉默→1 分

（3）向上级报告→2 分

（4）直接与他（她）理论→3 分

9. 虽然你工作努力，但公司并未用升职或加薪的方式奖励你，你会：

（1）把自己受到的不公正待遇，在同事之间诉说→0 分

（2）有点灰心，应付工作→1 分

（3）向公司请求，要求对你奖励→2 分

（4）若无其事，继续努力工作→3 分

10. 公司获利很多，却没有增加员工奖金，同事们推举你为代表与公司谈判，你会：

（1）拒绝→0 分

（2）推举其他同事→1 分

（3）勉强应承，但不付诸行动→2 分

（4）答应→3 分

11. 你的好朋友想背叛公司，并带走公司的商业秘密，他（她）告诉了你，你会：

（1）为了朋友，假装不知道→0 分

（2）劝朋友放弃想法→1 分

（3）用匿名信的方式告发→2 分

（4）直接向上司告发→3 分

12. 你在工作中有失误行为，上司未觉察，你的好朋友兼同事告诉了上司，你会：

（1）与好朋友绝交→0 分

（2）请求朋友帮忙在上司面前隐瞒情况→1 分

（3）接受上司的处理，疏远同朋友的关系→2 分

（4）继续保持朋友关系→3 分

13. 公司举行业务团队活动，你与恋人有约会，你会：

（1）直接赴恋人约会，给上司打个电话说有事不能参加活动→0 分

（2）借口身体不适，请上司许可在家休息，然后赴恋人约会→1 分

（3）向公司说明情况，征得同意后赴恋人约会→2 分

（4）参加团队活动，向恋人说明情况，求得谅解→3 分

14. 当公司内部出现拉帮结派的现象时，你会：

（1）参与好朋友的帮派→0 分

(2) 离开公司→1 分

(3) 保持中立→2 分

(4) 请上级出面处理→3 分

15. 在业务工作中，你得到了一笔回扣，公司没有人知道，你会：

(1) 期待下次回扣→0 分

(2) 下不为例→1 分

(3) 退还回扣→2 分

(4) 上交公司，说明情况→3 分

33~45 分：你善于驾驭上下级之间、同事之间的各种复杂的关系，能够化解办公室产生的各种矛盾，你是称职的管理者，又是优秀的员工。

21~32 分：你可以较好地处理办公室的人际关系，但要应付复杂的人际关系，你还需要从协调能力上下功夫。

9~20 分：你处理办公室人际关系的能力较差，有时办公室的矛盾因你而起，你自己却不知道原因所在。你要学会理解，学会尊重，学会协调。

9 分以下：在办公室，你经常感到无所适从，办公室人际关系恶化，大多数时候与你有关，你需要提高工作能力和协调能力。

第三章 与客户高效沟通

优质的客户服务将令客户感到满意，努力提升客户满意度极为重要。如果客户对你的服务有一次不满意，那么你将要花费数倍的努力来弥补这次不愉快经历所造成的损失。通常，客户不会给你太多补偿机会，因此你必须一开始就向客户提供良好的服务。在客户看来，你代表的就是公司，客户与你的接触将直接影响他们对公司印象的好坏。

职场故事

有一个秀才去买柴，他对卖柴的人说："荷薪者过来！"卖柴的人听不懂"荷薪者"（担柴的人）三个字，但是听得懂"过来"两个字，于是把柴担到秀才前面。秀才问他："其价如何？"卖柴的人听不太懂这句话，但是听得懂"价"这个字，于是就告诉秀才价钱。秀才接着说："外实而内虚，烟多而焰少，请损之。"（你的木材外表是干的，里头却是湿的，燃烧起来会浓烟多而火焰小，请减些价钱吧。）卖柴的人因为实在听不懂秀才的话，于是担着柴就走了。

与客户沟通时，最好用简单的语言、易懂的言词来传达讯息，而且对于说话的对象、时机要有所掌握，有时过分修饰反而达不到想要完成的目的。只有有效沟通，才能发现客户需求，为客户提供优质高效的服务，更好地推销产品。利润越来越薄、竞争越来越激烈的时代，企业要想发展，销售人员就要努力提升与客户沟通的水平。

一、与客户沟通的原则

（一）勿逞一时之能

与客户沟通最忌讳的就是逞一时的口舌之能。逞一时的口舌之能，虽然会获得短暂胜利的快感，但绝对不能说服客户，只会给以后的工作增加难度。你在与客户沟通时，摆出一副说教的样子，又或者好像若无其事，这样会引起客户的反感，不利于有效沟通。真正的沟通技巧，不是与客户争辩，而是引导客户接受你的观点或向你的观点"倾斜"，晓之以理，动之以情。

> **相关链接 1**

一位女士来到一家服装店，销售员问："您好，有什么需要帮助的吗？"

"我上个星期在这里买了一套衣服，但昨天用洗衣机洗过以后，却出现了严重缩水的现象，这是怎么回事？"

"这款衣服其他客户都没有反映过类似问题。您确定您的洗涤方法是正确的吗？"

"是啊。"

"那您在洗过衣服之后，有没有把它拉展一下？"

"为什么？"

"这种料子的衣服必须这样处理，您在购买的时候我告诉过您了。"

"没有。早知道我就不买了。"

"我早就告诉过您，要看衣服牌子后面的说明。算了，我再拿一套给您吧。"

"我不要另外一套，我要退货，请将钱退给我。"

（二）顾全客户的面子

要想说服客户，你就应该顾全他的面子，要给客户有下台阶的机会。顾全客户的面子，对我们来说并不是一件难事，只要你稍微注意一下态度和措辞。

不管客户的措辞如何偏激，销售人员都尽量不要和客户起争执，因为争辩不是说服客户的好方法。不论你和客户争辩什么，你都得不到好处。如果客户赢了，他就不会认可你这个人和你的产品；如果你赢了，并且证明客户是错误的，他会感到自尊心受到了伤害，你就会失去这个客户。

> **相关链接 2**

一个深秋的晚上，三位客人在南方某城市一家饭店的中餐厅用餐。他们在此已坐了两个多小时，仍没有去意。服务员心里很着急，到他们身边站了好几次，想催他们赶快结账，但一直没有说出口。最后，她终于忍不住对客人说:"先生,能不能赶快结账,如想继续聊天请到酒吧或咖啡厅。"

"什么!你想赶我们走,我们现在还不想结账呢。"一位客人听了她的话非常生气,表示不愿离开。另一位客人看了看表,连忙劝同伴马上结账。那位生气的客人没好气地让服务员把账单拿过来。看过账单,他指出有一道菜没点过,但却算进了账单,请服务员去更正。这位服务员忙回答客人,账单肯定没有错,菜已经上过了。几位客人却辩解说,没有要这道菜。服务员又仔细回忆了一下,觉得可能是自己错了,忙到收银台那里去改账。

当她把改过的账单交给客人时,客人对她讲:"餐费我可以付,但你服务的态度却让我们不能接受。请你马上把餐厅经理叫过来。"服务员听了客人的话感到非常委屈。其实,她在客人点菜和进餐的服务过程中并没有什么过错,只是想催客人早一些结账。

"先生,我在服务中有什么过错的话,我向你们道歉了,还是不要找我们经理了。"服务员恳求的口气说道。

"不行,我们就是要找你们经理。"客人并不妥协,坚持要求见经理……

(三)维护公司的利益

维护公司的合法利益是每一位员工应该做的,也是我们与客户沟通的出发点和基本原则。在与客户沟通时,不能以损失公司的利益为代价,博取客户的欢心;更不能损失公司或他人的利益,来换取客户对个人的感谢或牟取私利。

相关链接3

在一次展销会上,一位打算买冰箱的顾客指着不远处的另一个展台,对销售人员说:"××牌的冰箱和你们的这种冰箱是同一类型、同一规格的,但它的制冷速度比你们的快,噪声也比你们的小,看来你们的冰箱不如××牌的啊。"

销售人员答道:"你说得不错,我们的冰箱噪声是大点,但是仍然在国家标准允许的范围内,不会影响你和家人的生活与健康。我们的冰箱制冷速度慢,可耗电量比××牌的少得多。再说,我们的冰箱在价格上要比××牌的便宜得多,而且保修期要长6年,还是上门维修。"客户听后,脸上露出满意的神情。

二、与客户沟通的技巧

与客户沟通要把握好三个环节：了解客户、触动客户、维系客户。

（一）了解客户，是沟通的前提

1. 通过倾听来了解

学会倾听，不仅仅是听客户说话的内容，更重要的是在和客户的沟通中，体会客户说话的原因，体会如何表达和说话的时机，以及在话被说出来的时候看上去的感觉以及内心的感觉。因此，如果你在和某个潜在客户对话时想要了解谈话的实际内容，你需要调动整个身心来进行谈话，从而透过谈话内容的表面"感知"其实际所表达的内容。

有效率的倾听者全神贯注于说话的人，丝毫不受环境因素的影响。深呼吸、保持头脑清醒并将注意力集中在客户身上都有助于增强你的专注力。一旦你将专注力集中在客户身上，就可以通过多种语言或非语言方式表明你正在倾听。与客户进行眼神的交流，观察客户的面部表情及肢体语言。面对客户，使用简短的语句，如"啊""噢"或"我明白了"，表明你正在聆听；适时点头或微笑，身体放松、略微前倾，不要将双臂交叉于胸前。面部表情可以让客户了解你的感受，而肢体动作则让客户知道你的服务热情有多高。这些举止都可以让客户知道你正在仔细聆听他们说的话。

相关链接 4

小猫长大了。有一天，猫妈妈把小猫叫来，说："你已经长大了，三天之后就不能再喝妈妈的奶，要自己去找东西吃。"

小猫惶惑地问妈妈："妈妈，那我该吃什么东西呢？"猫妈妈说："你要吃什么食物，妈妈一时也说不清楚，就用我们祖先留下的方法吧！这几天夜里，你躲在人们的屋顶上、梁柱间、陶罐边，仔细地倾听人们的谈话，他们自然会教你的！"

第一天晚上，小猫躲在梁柱间，听到一个大人对孩子说："小宝，把鱼和牛奶放在冰箱里，小猫最爱吃鱼和牛奶了。"

第二天晚上，小猫躲在陶罐边，听见一个女人对男人说："老公，帮我的忙，把香肠和腊肉挂在梁上，小鸡关好，别让小猫偷吃了。"

第三天晚上，小猫躲在屋顶上，从窗户看到一个妇人叨念着自己的孩子："奶酪、肉松、鱼干吃剩了，也不收好，小猫的鼻子很灵，明天你就没得吃了。"

就这样，小猫每天都很开心，它回家告诉猫妈妈："妈妈，果然像您说的一样，只要我仔细倾听，人们每天都会教我该吃什么。"靠着倾听别人谈话，学习生活的技能，小猫终于成为一只身手敏捷、肌肉强健的大猫，它后来有了孩子，也是这样教导孩子的："仔细地倾听人们的谈话，他们自然会教你的。"

2. 通过提问来了解

和客户交谈，尤其是在推销自己的产品时，要学会提问。提问是一门非常有趣的学问。首先要善于提问，如果只是一味地向客户推销，就会打击客户的购买欲望，即使再好的产品也无人问津。其次要问题提得好，提到点子上，不能所有问题千篇一律，也不能忽略客户当时的情绪状况。只有将提问一步一步地深入到客户的内心，你才能了解到客户的真正需求。这样一来，你就能化被动为主动，成功的可能性就越来越大。那么，想要将提问一步一步深入到客户的内心，就要掌握以下一些提问的技巧。

(1) 主动式提问

善用提问"导"出无声需求。客户的需求你了解得越多，向客户成功推销的可能性就越大。客户的需求分为两组，一组是"有声需求"，另一组是"无声需求"。我们很容易满足客户的有声需求，却很难把握客户的无声需求。了解客户无声需求的最好方法就是提问，询问"无声需求"的问题分为两种：一种是封闭式问题，一种是开放式问题。

封闭式问题客户只能用是或者不是、对或者错、买或者不买来回答，这种提问是为了确认某种事实、客户的观点或者反映的情况。我们用封闭式问题可以更快地发现"问题"，找出问题的症结所在。例如："这是我给您做的保险计划书，您看合适吗？""您难道不希望有一份可靠的生活保障吗？""您是否考虑过子女今后的教育问题？"这些问题是让客户回答"是"或者"不是"。如果没有得到回答，还应该继续问某些其他的问题，从而确认问题的所在。

开放式问题就是能让客户尽情表达自己需求的问题。开放式问题可分为以下三种。

第一种是询问式问题。即单刀直入、观点明确地提出问题，使客户详细表述我们不知道的情况。例如："您有哪些方法防御意外风险？""当意外发生时，怎样才能不影响正常的生活？"这常常是探知客户是否有保险意识时最先问的问题。这些问题能引导客户发表一些自己的意见，我们很容易从他的意见中提取有效信息，获得更多的细节。

第二种是常规式问题。提出常规式问题主要是为了了解客户的基本信息，而很多客户不愿意详细地告知基本信息。所以，我们可以将这些常规式的问题制作成问卷，让客户很方便地在问卷上圈圈点点，这样我们也能全面了解客户的信息。

第三种是征求式问题。让客户描述情况，谈谈自己的想法、意见、观点，这种问题有利于了解客户的兴趣和需求所在。对于有结果的问题，问问客户对实施的结果是否满意，是否有需要改进的地方。征求式问题有助于提示客户，也能表达我们的诚意，提高客户的忠诚度。需要提醒的是，与"询问"同样重要的是"倾听"。除了要善于提问，你还得搭配运用倾听技巧，如此，你才可能真正接近客户。

> **相关链接 5**

销售人员："现在的洗发水不但要洗得干净，而且还要有一定的养护头发的功能才行，是吧？"

客户回答："是的。"

销售人员又问："洗发的同时能护发养发，您愿意用这种具有多种功能的洗发水吗？"

客户回答："愿意。"

当然，销售人员接着就可以问他想要知道的问题："这种含有药物的洗发水有一种淡淡的药物香味，你喜欢吗？"

如果客户说他不太喜欢，那么"症结"就已经找到了。

(2) 选择式提问

选择式提问是销售员常用的一种提问方式，它可以限定客户的注意力，要求客户在限定的范围内作出选择，通过这种提问方式，销售员就能掌握整个谈话的主动权。

相关链接 6

一个信奉基督教的信徒问其牧师:"我在祈祷的时候可以抽烟吗?"

牧师当然拒绝:"不行,这是对主耶稣的不敬,你怎么会有这种想法,阿门。"

另一个信徒问:"我在抽烟的时候,可以祈祷吗?"

牧师非常欣慰地回答:"当然可以,你不愧是主的好子女!"

(3) 诱导式提问

诱导性提问又称"暗示询问",是指询问者为了获得某一回答而在所提问题中添加有暗示被询问者如何回答的内容,或者将需要被询问人作证的有争议的事实假定为业已存在的事实而进行的提问。诱导性提问分四种情况:虚伪诱导、错误诱导、记忆诱导和诘难诱导。从上述的分类可以看出,并不是所有的诱导性提问都是被禁止的,如记忆诱导就是有积极意义的。

相关链接 7

客户:"有没有一层的房间?"

销售员:"如果我要能找到一层的房间,你是不是肯定能买?"

客户:"你能不能提供10年而不是5年的分期付款?"

销售员:"如果我能提供10年的分期付款,你是不是肯定能买?"

客户:"如果我们今天就决定,你能下个星期一送货吗?"

销售员:"如果我保证下个星期一送货,我们今天是不是就可以签合同了?"

(二) 触动客户

现代营销学认为:销售就是服务,创造客户价值。但很多销售员关注自己太多,自己的品牌如何如何、服务如何如何,而对客户的需求偏好、期望值、价值观等却关注太少。想要客户认同你的公司、你的产品或你个人,你就要学会触动客户。

相关链接 8

销售员观察订户一段时间，发现客户缺钙，于是找准合适的地点，比如上楼时，对客户说："您当心点，看您很累，我来搀您上去。"

客户："谢谢你了，年纪大了，腿脚不好了。"

销售员："怎么能这么说呢，您还要再享几十年福呢，上点年纪的人钙流失得快，要注意补钙，这样腿脚才利索。"

客户："可不是吗？不过吃钙片补充效果不是很好。"

销售员："喝奶效果不错，因为人的绝大多数营养都是从饮食中获得的。阿姨，您看这样，我们刚好有低脂高钙的鲜奶，您喝喝试试？"

客户："听起来确实很好，那我就试试看。"

这位推销员之所以能成功说服客户，就在于他发现了"客户缺钙"这个要害，并以此为切入点，找到了客户的潜在需求。

所以说，要使说服获得成功，就要找到客户的需求点，找到客户的弱点与软肋进行重点突破，并及时满足客户。把销售的理由变成客户需要购买的理由，由销售员"我要卖"转变为客户"我要买"。以客户为中心，以需求为导向，找到客户的软肋——这才是说服的关键所在。

（三）维系客户

企业都有这样的感觉，开发一个新客户的成本要远远地高于维系一个老客户的成本。因此，维系老客户的重要性不言而喻。维系客户的方法有以下几种。

1. 搜集客户信息，建立客户档案

从第一次和客户接触时就要有意识地搜集客户基本资料，然后不断地完善。客户档案一般包含这样的信息：客户的姓名、性别、年龄、生日、工作单位、地址、E-mail、兴趣爱好、家庭成员情况、联系电话、身份证号码、体质类型、健康状态；每一次商谈的内容、购买的产品、规格、数量、购买时间、产品消费记录、投诉记录、投诉处理结果等。在收集到这些信息后，还要对数据进行检查、挑选、修改和更新，以保证数据的可靠性、真实性与及时性。

相关链接 9

泰国东方饭店是世界上十大饭店之一，已有110年历史。该饭店几乎天天客满，想入住必须提前一个月预订。这个饭店经营得如此红火的原因是什么呢？请先看看张先生的经历。张先生是一名台湾商人，因为一笔买卖曾在泰国小住，当时住的就是东方饭店。张先生对饭店的服务非常满意，但此后他一直没有去过泰国。三年后，当张先生差不多忘记了这个大饭店的时候，突然在他生日的那一天，收到饭店给他寄来的一封信："亲爱的张先生，恭祝您生日快乐！您已经三年没来了，我们饭店全体员工都非常想念您！"这封信让张先生感到非常温暖、亲切，他觉得东方饭店就像一个远方的亲人一样，令他终生难忘。东方饭店只用几元钱邮票，就让张先生决定再到泰国时一定要再去东方饭店。

2. 采用多种方式与客户联系

有的时候，一张小小的卡片，一个祝福的电话，一个联络的邮件，赠送客户一个小礼物，都可帮助你维系你的客户关系，使你的客户成为你持续的资源。与客户接触联系的方法主要有以下几种：登门拜访、电话沟通、事件召集、信件沟通、网络沟通等。

相关链接 10

这是一个发生在英国的故事。一个帮人割草的男孩出价5美元，请他的朋友打电话给一位老太太。电话拨通后，男孩的朋友问道："您需不需要割草？"

老太太回答说："不需要了，我已经有了割草工。"

男孩的朋友又说："我会帮您拔掉花丛中的杂草。"

老太太回答："我的割草工已经做了。"

男孩的朋友再说："我会帮您把草与走道的四周割齐。"

老太太回答："我请的那个割草工也已经做了，他做得很好。谢谢你，我不需要新的割草工。"

男孩的朋友便挂了电话，接着不解地问割草的男孩说："你不是就在老太太那儿割草吗？为什么还要打这个电话？"

割草男孩说:"我只是想知道她对我工作的评价。"

三、与客户沟通的三项原则

在与客户的每一次交谈中,进行明确的沟通非常重要。进行明确的沟通应遵循三项指导原则:使用客户熟悉的语言、使谈话成为双向交流、确保客户能充分理解。

(一)使用客户熟悉的语言

在与客户沟通时,应使用他们熟悉的术语和措辞。使用行话或专业术语会给客户带来挫败感,因此应当使用通用的语言。在不得不使用专业术语的情况下,必须在使用之前仔细地向客户解释这些专业术语的含义。

(二)使谈话成为双向交流

客户服务的一项重要内容是向客户介绍你的产品和服务。当你向客户介绍这些情况时,谈话很容易变成单方的说教。倘若客户不能置身其中,他们就不太可能做出积极反馈,因此应避免使谈话变成单向的。为了避免出现单向交流的情况,可以在讨论过程中向客户提问,给他们反馈的机会。

(三)确保客户能充分理解

有时要向客户介绍比较复杂的内容,这些内容很容易让客户产生疑虑。在此情况下,应通过提问的方式判定客户的掌握程度。如果发现客户未能完全理解,应询问他们具体掌握了多少。

职场演练 1

以色列的耶路撒冷有一家名叫"芬克斯"的小酒吧,面积不足 30 平方米,仅有一个柜台和五张桌子,是一位名叫罗斯恰尔斯的犹太人开设的。一天,美国国务卿基辛格到这里进行访问,发现了这家路边的小酒吧。

晚上他突然想到这家酒吧去放松和消遣一下,于是他亲自打电话到酒吧,告诉酒吧的老板罗斯恰尔斯,说他本人以及他的十几个随从和保镖要到贵店,为了安全起见,希望贵店到时能够拒绝其他顾客来此消费。像这样一位声名显赫的国家级重要人物竟然会光临一个普通而平凡的小店,这是一般老板求之不得的事情。然而,面对基辛格的要求,酒吧老板罗斯恰尔斯却客气地回答说:"您能光临小店,我感到莫大的荣幸。但是要我因此而拒绝其他客人，我做不到。因为他们都是我多年的老熟客，是一直支持本店的人，因为您的来临而把他们拒之门外，我就失去了信誉。"听了老板的这些话之后，基辛格只得颓丧而不满地挂了电话……

正是由于"芬克斯"敢于为了维护老顾客的利益和自己的商业信誉而拒绝了美国国务卿基辛格，这家名不见经传的小酒吧被美国的《新闻周刊》评选进入世界最佳酒吧的前十五名。

分析与讨论

请根据上述案例回答下列问题。

1. 此案例反映了"芬克斯"酒吧老板罗斯恰尔斯奉行了一种什么经营理念？

2. 此案例给从事客户服务工作的企业和人员以什么启示？

职场演练2

职场的专业表达

沟通用语也应当尽量选择体现正面意思的词。比如说，要感谢客户的等候，常用的说法是"很抱歉让你久等"。"抱歉久等"实际上在潜意识中强化了对方"久等"这个感觉，比较正面的表达可以是"非常感谢您的耐心等待"。下面例举了一些常用语的专业表达方式。

1. 习惯用语：那个产品都卖完了。

专业表达：由于需求很高，我们暂时没货了。

2. 习惯用语：你怎么对我们公司的产品老是有问题。

专业表达：看上去这些问题很相似。

3. 习惯用语：我不能给你他的手机号码。

专业表达：您是否可以向他本人询问他的手机号？

4. 习惯用语：我不想给您错误的建议。

专业表达：我想给您正确的建议。

5. 习惯用语：你没有必要担心这次维修后又坏。

专业表达：你这次维修后尽管放心使用。

6. 习惯用语：你的名字叫什么？

专业表达：请问，我可以知道你的名字吗？

7. 习惯用语：你必须……

专业表达：我们要为你那样做，这是我们需要的。

8. 习惯用语：你错了，不是那样的！

专业表达：对不起我没说清楚，但我想它运转的方式有些不同。

9. 习惯用语：如果你需要我的帮助，你必须……

专业表达：我愿意帮助你，但首先我需要……

10. 习惯用语：你做的不正确……

专业表达：我得到了不同的结果。让我们一起来看看到底怎么回事。

11. 习惯用语：听着，那没有坏，所有系统都是那样工作的。

专业表达：那表明系统是正常工作的。让我们一起来看看到底哪儿存在问题。

12. 习惯用语：当然你会收到。但你必须把名字和地址给我。

专业表达：当然我会立即发送给你一个，我能知道你的名字和地址吗？

13. 习惯用语：你没有弄明白，这次听好了。

专业表达：也许我说得不够清楚，请允许我再解释一遍。

能力测试

与客户沟通能力测试

1. 对于公司新开发的客户，你通过何种沟通方式进行相互了解？（　　）

A. 经常邀请客户参与公司活动

B. 登门拜访

C. 定期电话沟通

D. 通过邮件沟通

2. 在进行产品演示的时候，你如何同客户沟通？（　　）

A. 让客户亲自体验

B. 引导客户发表自己的看法

C. 以产品展示为主

D. 以口头表达为主

3. 当客户对你的介绍不感兴趣时，你如何激发其兴趣？（　　）

A. 从客户的需求中寻找突破

B. 宣讲自己产品给客户带来的好处

C. 更换客户

D. 质疑客户的眼光

4. 面对客户的无理抱怨，你如何做？（　　）

A. 认真倾听

B. 认真倾听，并对客户进行解释

C. 以理服人，指出客户的问题

D. 不理客户，冷处理

5. 针对客户的误解，你怎么处理？（　　）

A. 认真倾听，耐心解释

B. 认真倾听，委婉劝服

C. 直接指出客户的问题所在

D. 驳斥客户

6. 针对客户的无理要求，你如何处理？（　　）

A. 表示理解，但无能为力

B. 解释不能满足他要求的原因

C. 直接拒绝

D. 先答应，后拒绝

7. 面对客户的无理投诉，你如何处理？（　　）

A. 记录投诉，安慰客户

B. 向客户解释

C. 直接反驳

D. 指出客户不合理的地方，以打消客户的念头

8. 如何增加客户购买后的满意度？（　　）

A. 定期邀请客户参与公司活动

B. 定期电话回访

C. 及时处理客户出现的问题

D. 不闻不问，等待客户自己上门要求服务

9. 在向不同的客户推销产品时，你如何运用你的表达能力？（   ）

A. 因人而异，发现需求

B. 展示产品，引导参与

C. 注意语气，赞美客户

D. 滔滔不绝，详细介绍

10. 你如何让客户再次向你公司购买产品？（   ）

A. 在与客户的交往中体现出自己的真诚，找到客户的需求，切实地关心客户

B. 在与客户的交往中展示出公司的实力

C. 在与客户的交往中充分展示产品的优势

D. 在与客户的交往中打压别家公司的产品，抬高自己公司的产品

选 A 得 3 分，选 B 得 2 分，选 C 得 1 分，选 D 不得分。

24 分以上：能在工作中很好地和客户沟通。

15~24 分：已经掌握了一些沟通技巧，但是还需要不断努力。

15 分以下：需要学习一些和客户沟通的技巧。

第二单元

言语沟通掌握要领

第一章 面对面交谈技巧

交谈是一门艺术，而且是一门古老的艺术。"一人之辩重于九鼎之宝，三寸之舌强于百万之师"，交谈的艺术性体现在：尽管人人都会，然而效果却大不一样。所谓"酒逢知己千杯少，话不投机半句多"，正说明了交谈的优劣直接决定着交谈的效果。

一、面对面交谈技巧

面对面沟通是指运用口头表达方式来进行信息的传递和交流，也就是我们通常所说的面对面的交谈。这是人际沟通中最重要也是最常用的方法。它可以分为漫无边际的随意闲谈和为了一定的目的有计划进行的面谈。在职场中面对面沟通主要指的是面谈。

职场故事

某大公司招聘总经理助理，由总经理亲自面试。应聘者小张来到总经理办公室。总经理一见到小张就说："咱们好像在一次研讨会上见过，我还读过你发表的文章，很赞赏你所提出的关于拓展市场的观点。"小张一愣，知道总经理认错人了。但转念一想，既然总经理对那人那么有好感，不如将错就错，对自己肯定有好处。于是他就接着总经理的话说："对，对。我对那次研讨会也记忆犹新，我提出的观点能对贵公司有帮助，我感到很高兴。"第二个来应聘的是小高，总经理对他说了同样的话。小高想，真是天助我也，他认错人了。于是他说："我对您也非常敬佩，您在那次研讨会上是最受关注的对象。"第三个来应聘的是拉拉。总经理再次说了同样的话，但拉拉一听就站起来说："总经理先生，对不起，您认错人了。我从来没有参加过那样的研讨会，也没提出过拓展市场的观点。"总经理一听就笑了，说："小伙子，请坐下。我要招聘的就是你这样的人。你被录用了。"

(一) 面对面交谈的分类

1. 闲谈

闲谈就是漫无边际的随意谈说。日常生活中，亲朋好友、同事甚至是陌生人偶然相遇，引出一个话题，然后随意进行交谈，是人们在日常生活中运用的最普遍的双向言语形式。

2. 面谈

这里是相对于闲谈来说的，面谈是指为了实现某一意图、在某一固定场所进行的有计划的交谈。

闲谈与面谈的区别：

闲谈	面谈
无明确目的	目的明确
话题多变	话题固定
形式自由	讲究方式
自发交谈	有计划交谈
不受场所限制	受场所限制
不受时间限制	固定时间
无需技巧	讲究技巧

相关链接 1

媒介顾问：小李（房地产时报）

客户：某房产公司市场总监刘先生（广告决策人）

电话邀约回顾：小李从上海楼市看到某房产广告，邀约该广告负责人刘先生见面洽谈房地产时报广告事宜，刘先生以工作繁忙没有时间为由屡次拒绝拜访，小李最后以顺便路过刘先生公司，并只占用20分钟时间为由，终于获得了刘先生的见面机会。

拜访目的：推荐房地产时报，挖掘需求，使之成为意向客户。

失败案例

媒介顾问：刘先生你好，谢谢你在百忙之中抽出时间来跟我见面，这是我的名片……（一边递名片一边做自我介绍）

客户：你好你好！我这会儿正好在赶份报告，有什么事你说吧！

媒介顾问：好的，我们房地产时报是一份……（媒体介绍）

客户（打断了媒介顾问的介绍）：这样吧你留一份资料在我这，我有需要会打电话给你的。

媒介顾问：好的，而且我们报纸的价格也很便宜。

客户：好的，再见不送了。

成功案例

媒介顾问：刘先生你好，谢谢你在百忙之中抽出时间来跟我见面，这是我的名片……（一边递名片一边做自我介绍）

客户：你好你好！我这会正好在赶份报告。有什么事你说吧！

媒介顾问：刘先生对我们的媒体是否了解，需要我简短地介绍一下吗？

客户：有听说过，你留份资料在我这，有需要我会打电话给你。

媒介顾问：好的，那在我离开前能再耽误你几分钟问几个楼盘的问题吗？

客户：可以的，你问吧。

媒介顾问：楼盘目前的销售情况怎么样？

客户：不好，只卖出去了1/3，问的人多买的人少。

媒介顾问：上海楼市广告打出去效果好吗？

客户：也不好，关键是价格便宜，想买房子的人看得比较多。

媒介顾问：这一点我认同。但要想广告效果好，除了硬广告之外还需要做些版面上的针对性主题策划和线下活动，这样才会吸引读者眼球，帮你的楼盘带来人气，刘先生是否也这样认为呢？

客户：是的，能这样是最好的。不好意思，我还有事情。我们改天再聊。

媒介顾问：好的。针对我们的想法，我回去做个方案。下周我再来拜访你，你看怎么样？

客户：我很忙估计没有时间，你把方案发我邮箱吧。

媒介顾问：好的，我下周三前发给你，下周四以后我们再约个时间碰面，刘先生再针对方案给我些建议，你看方便吗？

客户：好吧，那下周再联系，再见不送了。

(二) 面对面交谈的特点

1. 迅速传递，即时反馈

这种沟通方式可以使信息在最短的时间内被传递，并且能够在最短的时间内得到对方的回复。所以，这种沟通方式可以立即澄清信息传递中的含糊之处，即如果接收方对发送方所传递的信息有所怀疑时，可以迅速反馈给发送方，使发送者及时检查其中表达不够明确的地方并予以改正。这样，可以将误解发生的可能性降至最低限度。

2. 直接亲切，增强效果

在面对面沟通中，沟通双方除了可以直接获取对方发出的语言信息外，还可以通过观察对方的面部表情、身体动态，辨析对方语气语调的变化，加深对信息的理解，从而提高沟通的效果。

3. 信息可能失真，不易保留存储

面对面沟通也存在着缺陷。比如，在信息传递过程中，每个人都可以根据自己的偏好增删信息，以自己的方式诠释信息。所以，当信息从其发送者经过一站站地传递到达终点时，其内容往往与最初的含义存在重大偏差，偏离信息发送者的初衷，信息失真的可能性相当大。另外，面对面沟通通常无法留下书面记录，有时还会浪费时间甚至很不方便。

(三) 面对面交谈的技巧

1. 准备技巧

沟通之前要明确沟通的目的，分析沟通对象的资料，确定沟通场地和时间，准备沟通进行的程序，做出沟通的计划表，尽量做到知己知彼。

2. 表达技巧

(1) 轻松入题

选择一个对方感兴趣的话题，从聊天开始交谈，逐渐切入正题，这样可以减少双方的心理压力，使交谈氛围比较轻松和谐。

(2) 说话技巧

第一讲究"说"的方式。急事，慢慢地说；没把握的事，谨慎地说；没发生的事，不要胡说；做不到的事，别乱说；伤心的事，不要见人就说；别人的事，小心地说；尊长的事，多听少说。

第二讲究"说"的内容。多说商量、尊重的话，多说宽容、谅解的话，多说关怀、体贴的话，多说赞美、鼓励的话。

第三选择"说"的时机。对方心情不好时不说，对方专注于其他事情时不说，对方抗拒时不说，环境于己方不利时不说。

第四选择"说"的语言。要用对方听得懂的语言；把"你""你们"变成"我""我们"；尽量少谈自己的感受，同时，也不要告诉对方他（们）将会如何感受或反映；不要强调你为对方做了什么，而要强调对方能获得什么，或者能做什么；涉及褒义内容时，多用"你"少用"我"，或尽量使用"我们"，涉及贬义内容时，避免使用"你"。

相关链接2

一天，一位老太太拎着篮子去楼下的菜市场买水果。她来到第一个小贩的水果摊前问道："这李子怎么样？""我的李子又大又甜，特别好吃。"小贩回答。老太太摇了摇头没有买。

她向第二个小贩走去问道："你的李子好吃吗？""我这里是李子专卖，各种各样的李子都有。您要什么样的李子？""我要买酸一点儿的。""我这篮李子酸得咬一口就流口水，您要多少？""来半斤吧。"

老太太买完李子后继续在市场中逛，又看到第三个小贩的摊上也有李子，又大又圆非常抢眼，便问："你的李子多少钱一斤？"

"您好，您问哪种李子？"

"我要酸一点儿的。"

"别人买李子都要又大又甜的，您为什么要酸的李子呢？"

"我儿媳妇要生孩子了，想吃酸的。"

"老太太，您对儿媳妇真体贴，她想吃酸的，说明她一定能给您生个大胖孙子。您要多少？"

"我再来一斤吧。"老太太被小贩说得很高兴，便又买了一斤。

小贩一边称李子一边继续问："您知道孕妇最需要什么营养吗？"

"不知道。"

"孕妇特别需要补充维生素。您知道哪种水果含维生素最多吗？"

"不清楚。"

"猕猴桃含有多种维生素，特别适合孕妇。您要给您儿媳妇天天吃猕猴桃，她一高兴，说不定能一下给您生出一对双胞胎。"

"是吗？好啊，那我就再来一斤猕猴桃。"

"您人真好，谁有您这样的婆婆，一定有福气。"小贩开始给老太太称猕猴桃，嘴里也不闲着："我每天都在这儿摆摊，水果都是当天从批发市场找新鲜的批发来的，您媳妇要是吃好了，您再来。"

"行。"老太太被小贩说得高兴，提了水果边付账边应承着。

三个小贩对着同样一个老太太，为什么销售的结果完全不一样呢？

（3）提问技巧

交谈过程中，为了收集信息、展开对话、掌控交流、保证理解或解决问题，要时常进行提问，提问的方式主要有以下两种。

开放式提问	问题提得比较概括、抽象，范围限制不很严格，给对方以充分自由发挥的余地。开放式问句可以引发对方思索，进一步了解对方的状况，顺利发掘出所需要的信息，巧妙地引导并主控整个对话的过程。开放式问句经常用到的字眼有：何时、何地、什么、谁、为何、如何等。	使用场合：开场，打开谈话局面；搜集所有的事实资料；希望改变话题。
封闭式提问	问题提得比较具体、单纯，范围限制得很严格，给对方自由发挥的余地很小，对方一般要做较为直接的回答。封闭式的问题经常体现在"能不能""对吗""是不是""会不会""多久"等问话之间。	使用场合：获得对方的确认；引导对方进入你想要谈的主题；缩小主题范围；不确定对方的意思时。

（4）反馈技巧

交谈的过程中，双方都要适时地做出反馈，以利于信息的理解。

给予反馈：明确具体；正面、建设性；对事不对人；及时；集中，有针对性。

接受反馈：倾听、不打断；避免自问；询问实例；澄清事实；表达态度或行动。

3. 倾听技巧

（1）全神贯注

避免心不在焉、东张西望，要全神贯注认真倾听。

（2）积极回应

一是用言语响应。对方在说话时，可以用以下话语不时作出回应："哦！"

"哇！""真的？""就是啊！""对！""是这样。"等。

二是用肢体语言响应。身体向前倾，脸朝着说话者，眼睛注视着对方，适当地微笑一下，显露出兴趣十足的模样，不时点头赞许……

（3）复述与记录

用说明的语句重述说话者刚谈过的话，并记下一些重要的内容。如："你的意思是不是说……""换句话说，就是……""噢，就是……"等。

（4）避免打断对方的话

倾听时不要随意打断对方的话，让他把话说完。打断对方说话一方面是对对方的不尊重，另一方面可能因此打断对方的思路，往往不容易掌握对方的全面观点，可能遗漏或歪曲对方的意思。

（5）学会察言观色

通过察言观色，体察并领会对方所表达出来的言外之意并能正确应对。

4. 身体语言技巧

（1）眼睛技巧

身体语言沟通中，眼神是非常重要的。正确的做法是：眼神带着友好的情感、诚恳、坚定、专注、持续地看着对方，不要翻白眼，眼神不要飘忽不定，要看对方的面部三角区。

（2）肢体动作技巧

选择好合适的坐（站）姿，面带微笑、不时点头并辅以适当的手势，注意不要有多余的动作，如抖腿、转笔、剔指甲等。

（3）声音技巧

要热情自信、语速适中、音量标准、吐字清晰。

音调：不要尖厉、刺耳，或过于低沉、凝重。

音量：合适的音量取决于环境。

语调：语调的变动透露出态度和感情。

速度：讲话速度影响沟通对象的理解程度。

停顿：给沟通对象时间和回应的机会。

相关链接 3

我国民间流传着这样一个故事。

一个人走进饭店要了酒菜，吃罢摸摸口袋发现忘了带钱，便对店老板说："店家，今日忘了带钱，改日送来。"店老板连声："不碍事，不碍事"，同时恭敬地把他送出了门。

这个过程被一个无赖给看到了，他也进饭店要了酒菜，吃完后摸了一下口袋，对店老板说："店家，今日忘了带钱，改日送来。"

谁知店老板脸色一变，揪住他，非剥他衣服不可。

无赖不服，说："为什么刚才那人可以赊账，我就不行？"

店家说："人家吃菜，筷子在桌子上找齐，喝酒一盅盅地，斯斯文文，吃罢掏出手绢揩嘴，是个有德行的人，岂能赖我几个钱。你呢？筷子往胸前找齐，狼吞虎咽，吃上瘾来，脚踏上条凳，端起酒壶直往嘴里灌，吃罢用袖子揩嘴，分明是个居无定室、食无定餐的无赖之徒，我岂能饶你？"

一席话说得无赖哑口无言，只得留下外衣，狼狈而去。

启示之一：动作姿势是一个人文化修养的外在体现。一个品德端庄、富有涵养的人，其姿势必然优雅；一个趣味低级、缺乏修养的人，是做不出高雅的姿势来的。

启示之二：在人际沟通中，我们必须留意自己的形象，讲究动作与姿势。因为我们的动作、姿势，是别人了解我们的一面镜子。

启示之三：在人际沟通中，我们可以通过别人的动作、姿势来衡量、了解和理解别人。

二、面对面交谈实战——面试

在面试过程中，你和面试官做的事情是相似的，面试官做的是"问""听""察""析""判"，你做的是"听""答""察""问""析""判"。听的是面试官的问题，回答的是答案，察的是面试官的表情，问的是未来企业的情况，析的是面试官的心理，判的是面试进程的结果。

（一）自我介绍口才技巧

在面试开场时，面试官对求职者还未认识之前，一般会让求职者做自我介绍。这是给面试官的第一印象。

自我介绍即自我推销，如何介绍自己是一个技巧。每个人虽然对自己很熟悉，但由于有人急于把自己介绍给面试官，做自我介绍时往往口不从心或者废话说得太多,也有些人没有准确地把握好自己的情况,介绍时主次不分,所以,这是一个关键的、考验人的阶段。下面着重从两个方面来谈谈如何进行自我介绍。

相关链接 4

在一次招聘会上,一位硕士向一家国内著名酒店报名,但他递上的只是一份英文简历。接材料的是餐厅部经理,不懂英文,他问:"你是什么学历,大专?"硕士没有回答。经理又说"本科?"这时他才慢慢地说:"硕士。"他的这种被动和缺乏热情的态度是不会给对方留下好的第一印象的。

1. 围绕中心组织语言

在做自我介绍时,最忌漫无中心,东扯一句西扯一句,或者陈芝麻烂谷子的事都事无巨细一一详谈,让人听了不知所云。求职面试中的自我介绍宜简不宜繁,一般包括这些基本要素:姓名、年龄、籍贯、学历、学业情况、性格、特长、爱好、工作能力、工作经验等。对于这些不同的要素该详述还是略说,可按招聘方的要求来组织介绍的材料,围绕中心说话。假如招聘单位对应聘人的工作能力和工作经验很重视,那么,求职者就得从自己的工作能力及经验出发作详细的叙述,而且整个介绍都是以这个重点为中心。请看下面一例。

这是××工艺品总公司招聘业务员时的一则对话。

面试官:我公司主要是经营有地方特色或民族特色的工艺品,如北京的景泰蓝、景德镇的陶瓷、杭州的纸伞、潮州的抽纱等。这次招聘的对象主要是能开拓海内外业务的潮州抽纱、刺绣的业务员。现在,先请你介绍自己的情况。

求职者:我叫杨晓玲,1974年生于潮州市,今年毕业于××学校,是读市场营销专业的。我一直生活在潮州,在我读小学时,就在放学后帮妈妈、奶奶做抽纱活,先是学勾花,再学刺绣、抽纱,以后寒暑假也都做抽纱,帮家里添点经济收入。上到中专,两年的专业学习,使我掌握了营销方面的专业知识,这是我将来搞好业务的资本。我的口才较好,曾参加省属中专学校的口语竞赛,得了二等奖(递上奖状)。我这个人的特点是头脑灵活、反应快,平常爱看报纸,对国内外的经济发展动态很感兴趣。

这位求职者对自己情况的这一段介绍，显得清晰明了，并且中心突出，有针对性。从以上的对话可知，这一招聘单位的招聘要求有：① 具有营销方面的知识；② 熟悉推销业务及对象；③ 有较强的口头表达能力；④ 有抽纱的工作经验。这位面试者围绕这些要求组织介绍的语言，并侧重从三个方面来介绍：① 读市场营销专业，具有市场营销方面的知识；② 生活在潮州，自小就懂得抽纱、刺绣的技术；③ 口才好，头脑灵活。可见，这位求职者的介绍正合招聘者的心理和要求。

2. 与面试官双向沟通

很多求职者在进行自我介绍时，往往容易忽略一个问题，脱离不了"自我"这个中心。在求职面试场上，如果应聘者在自我介绍中，一味在"我怎么样"中兜圈，很容易使面试官反感。聪明的应聘者，就懂得如何将自我介绍转变为一场应聘者与面试官之间的谈话。请看下面这个例子。

面试官：现在，请你来谈谈自己的情况。

求职者：……我选择的是建筑学专业，或许经理你会觉得奇怪，像我这样一个斯斯文文的姑娘，怎么会选择一个要经常下工地搞设计的专业，我之所以选择这个专业，原因有多个……

这位求职者在自我介绍时，巧妙地把单调的"自我介绍"化为与对方的交谈，这样既减弱了"自我"的意识，又缩短了求职者与面试官之间的距离。

3. 用事例说明成绩

在自我介绍中，要尽量避免夸张，一般不宜用"很""第一""最"等表示极端的词来赞美自己。在面试场上，有些人为了让面试官对他留下深刻的印象，往往喜欢对自己进行过多的夸张，如"我是很懂业务的""我是年级成绩最好的一个"。总是喜欢带着优越的语气说话，不断地表现自己。其实，如果对自己有过多的夸耀，反而会引起面试官的反感。

谈论自己的话题，应尽可能避免一些夸大的形容词，把话讲得客观真实，尽量用实际的事例去证明你所说的，最好用真实的事例来显露你的才华给面试官。假如没有真实的本事，用朴素诚实的语言来介绍自己，为自己树立一个诚实朴素的形象，同样也可以达到较好的效果。

4. 其他注意事项

语言要清晰简洁。语言的清晰是建立在镇定而自信的基础上的。假如一个人慌慌张张，那他必是词不达意。谈自己，本来是既简单又丰富的话题，但许多人在这一点上却做得不好，其原因有多个：一是缺乏勇气，二是缺少信心，三是存在羞怯心理，四是准备不充分。

自我介绍时，首先要清晰地介绍自己的姓名。面试官让求职者"谈谈自己"，就像老师要了解学生一样，他首先要知道的必是学生的姓名、年龄及学历。

清晰，要求表达时声音宏亮，恰如其分，吐字清楚，语速缓慢适中。

有一位新闻系毕业的大学生去应聘记者这一职位。当报社主管人让她做自我介绍时，她由于极度紧张，第一次说话时，声音小得几乎令人听不见；当面试官让她重来一遍时，她更加紧张，说话结结巴巴，后来不断被要求重来，最后连面试官都听得不耐烦。虽然这位女学生文字能力很强，写作水平高，但她却缺乏做记者的另一基本能力——口才，结果当然不尽如人意。

吐字清楚也即说话时发音准确，不能产生歧义，特别是方言较浓的人，更应该注意普通话的使用。

简洁即要求在进行自我介绍时，只说该说的话，少用描写性的语言。例如在介绍学历时，有人会从幼儿园一直谈到最高学历。其实，在谈学历时，一般着重谈的应是目前为止最高学历的情况。

在做介绍前，要先对面试官打个招呼，道声谢，如"××经理，您好，谢谢您给我这么好的机会，现在，我向您做个简单的自我介绍"。介绍完毕后，要注意再向面试官道谢，并向在场面试人员表示谢意。

（二）面试对答技巧

相关链接5

一家外贸公司举行了一次别开生面的宴会招聘考试，一位小伙子的良好表现吸引了招聘人员的注意力。在宴会上，这位小伙子走到这家公司的人事部经理面前举杯致辞："经理您好，能结识您很荣幸，我十分愿意为贵公司效力。但如果确因名额所限使我不能效力，我也不会气馁，我会继续奋斗，我相信，如果不能成为您的助手，那我一定能成为您的对手……"最后，公司录取了这位青年。

在面试过程中，最能考验人的是对答这一阶段。自我介绍只不过使面试官对求职者获得了一个初步的印象，而对答阶段则是从不同角度去考察求职者的应变能力、适应能力、专业水平、工作能力、性格爱好、处事方式、处世态度等。对答阶段的问话，一般会出现下列一些问题：求职的愿望、动机；求职者的专业水平，如学历、知识结构；求职者的性格兴趣、爱好特长；求职者的优缺点；求职者的社会工作、工作经验等。在这一大堆问题类型中，有普通的问题，也有难题和怪题。总之，整个对答阶段就是对求职者综合能力的考察，求职者不仅需要有丰富的学识，还需要有敏捷的反应能力和准确的语言表达能力，而后者恰恰是众多面试求职者临场所缺少的。因此，必须在平时积累有关对答的口才技巧知识。

1. 普通问题对答技巧

所谓普通问题，是指在一般求职面试场上往往问得较为频繁的，回答者只需根据自己的特点给予回答即可的问题。这类问题是相对于那些让求职者觉得为难的问题而言的，虽然说它们普通，但也得讲究技巧，才会使你的回答更突出，给面试官留下更深的印象。

(1) 直言相告法

这种技巧，一般运用在实问实答、内容弹性很小的问题上，如专业方面、家庭背景、学历、业余爱好等。

直言是指说话直截了当，把自己与问题有关的事实坦率而明确地告诉面试官。

请看以下一段面试对答。

"大学时，你学的是什么专业？"

"我学的是计算机专业。这是一个具有很大发展前景的专业，我对它非常感兴趣。"

这段答话可谓非常坦率，求职者把他的学业情况及自己的看法如实地告诉了面试官。由此，面试官可根据这一信息了解求职者的专业方向。

(2) 实例证明法

在回答问题时，往往不能笼统敷衍了事，一般不用概述的方式，最好能用具体的事实来说明自己的观点。这个"具体"有两个要求：一是从个人本身所具有的相应的内涵出发，切不可弄虚作假；二是详细地用例子去说服别人。

问：你在大学时有没有进行过勤工俭学活动？

答：有。在大学时，我在课余期间参加过不少勤工俭学活动，如在××广告公司做兼职员工，当家庭教师，其中，当家教的时间最长。我的专业是美术，我辅导了五个中学生，他们都考上了不同等次的艺术院校。另外在广告公司做兼职，也巩固了我的专业。勤工俭学一方面减轻了家庭的经济负担，更重要的是巩固了专业，积累了不少的工作经验。

众多招聘单位都希望求职者有一定的工作经验，而这个问题实质上就是面试官想从你的回答中了解你是否有一定的工作经验。假如对答时只是简单地回答"有"或"无"，就无法达到面试官本来的目的，无法给人满意的回答。"有"就答出具体例子，"无"也应说出相应的原因。如上一段回答，就包含了两个方面：一是求职者读书期间所从事过的实践活动；二是求职者本人对此项活动的体会。因此，这段对话可给面试官一个满意的答案。

(3) 个性显示法

个性显示法，主要是靠坦率的语言。在面试场上，戒备心使大多数求职者吞吞吐吐，不敢将心中的真实情感流露出来，而"个性显示法"在某种场合时，可缩短求职者与面试官相互之间的距离。"坦率"对于一些求职者可能是一个较高的要求，但应注意，这里所要求显示个性的坦率，并非是无话不说，那些有伤大雅、会破坏自己的形象、有损招聘单位利益的话就无需"坦率"了。而对环境的认识、舒缓心理的紧张、对某种事物的恰当评价等就可用此法，如："老实说，我很想得到这份工作。""说实在的，现在我是很紧张的。""坦率地说，××科是我众多科目中成绩最不佳的一科，主要是因为它太乏味，我花了很多时间都提不起兴趣。"这些都是坦率的语言。

相关链接6

某外企公司招聘销售经理，有100多人应聘，只录取了3人，小王是其中一个。他在回顾这次面试时说："我参加过好多次面试，我认为面试时判断力与面试的技巧最为重要。面试时，我一般会先尽量多地了解对方的资料，如果对这个职位真的感兴趣，我会马上针对自己的实力判断出这个职位是否适合自己；另外一个需要尽快做出判断的是，必须在见到主考官后极短的时间内判断出他是一个什么样的人，再考虑如何与他接触。比如我这次的面试主考官是公司的副总裁,是一位在国外生活多年的华人。他问得比较直接,因此我也就实话实说,优点多渲染一点,缺点淡化一点;薪水也可以说得高一些,他不会在乎。如果我遇到的主考官是国内人,我肯定会含蓄一些、谦虚一些。其实,我认为这次面试过程实际上就是考一个销售员是否合格的过程,因为能与不同的人打交道是销售人员的基本素质。"不怯场、自信、自然、放松,运用之妙,存乎一心。小王正是以他的随机应变和灵巧机敏叩开了成功的大门。

2. 难题对答技巧

在求职面试过程中,除了普通问题外,最令求职者感到困难的是一些难题和怪题,这类问题一般从以下几个方面提出。

一是与求职者有关的:你的兴趣爱好是什么?你有没有自信心?你有没有工作经验?你的学业情况如何?你的求职动机、工作意向是什么?

相关链接7

某知名企业在学校组织的一次面试中,面试考官先后向两位考生提出了同样的问题:"我们单位是全国数一数二的大公司,下面有很多子公司,凡被录用的人员都要到基层去锻炼,基层条件比较艰苦,请问你是否有思想准备?"毕业生A说:"吃苦对我来说不成问题,因为我从小在农村长大,父亲早逝,母亲年迈,我很乐意到基层去,只有在基层摸爬滚打才能积累丰富的工作经验,为今后的发展打下基础。"毕业生B则回答:"到基层去锻炼我认为很有必要,我将努力克服困难,好好工作,但作为年轻人总希望有发展的机会,不知贵公司安排我们下去的时间多长?还有可能再回来吗?"结果前一学生被录用,后一学生被淘汰。从此可以看出,在面试过程中,回答问题的技巧很重要。对有些问题的回答,表面上看起来合情合理,无可厚非,但却令考官反感。

二是与工作单位有关的:你如何看待本公司?你将对本公司有什么贡献?如何看待×××部门这一职位?你要求的待遇是多少?如果公司的公事与你的私事有所冲突,你将如何处理?

这些都是会令求职者感到困难和难堪的一些题目。这就要求求职者在回答难题时要注意技巧和方法,主要有以下几点。

(1) 巧转话题，化弊为利

在求职过程中，当面试官向求职者提出一些问题而又不能不回答，但直说或说出后将对自己不利时，就应该换个角度，巧换话题或巧换答案。

在求职应聘过程中，面试官一般不会问求职者一些"刁"的问题，但有些提问也会使你难于开口，以此来测试你的应变能力。

例如，当被问到这样一个问题"你最大的缺点是什么"，你会怎样回答？这对一般人来说，是个普遍存在但又不便回答的问题，所以，接触到这类问题时，求职者应避实就虚，不必把自己的缺点和盘托出，因为出这一难题的面试官，他的本意大多不是想看求职者是否诚实，只是想借此考察求职者的应变能力。所以，对于这一类问题，求职者无需坦诚地揭露自己真正或想象中的失败，相反，只要简单地说出自己的缺点便可。技巧较高的人，他更懂得利用这一点来表现自己，巧转话题，化缺点为优点。如有些人是这样回答的：① 我宿舍的同学老是抱怨我工作得太晚才回宿舍；② 我这个人总是很心急，一有事就搁不下。这两种回答，其实是求职者懂得抓住这种机会，化不足为长处，从另一个角度看，这两种回答恰恰表现了求职者另一方面的优点。

(2) 虚实并用，以实补虚

在面试场上，面试官所问的问题，往往是虚发，一方面他想了解你的理解能力，另一方面，因为这些是难度较大的问题，为了不让求职者难堪，他常会虚问问题，而在心目中却希望求职者以实来回答。

例如：你认为你对我们有什么价值呢？

这个问题是一个从虚处提出的问题，要求求职者从具体方面作答。面对这类虚实并用的问题，对答者就应以虚带实来作答。对于这一道题，回答者可以从以下这几个方面回答：① 求职者凭自己所具有的知识、技能（即所受教育）能做些什么工作；② 求职者凭自己所具有的经验（工作经验、社会经验）能为公司做些什么。

如下面的回答：

大学时，我主修的是计算机，成绩优秀，实际操作能力强，我不但有理论知识，还有实际经验。读书期间，我参加过勤工俭学活动，在xx公司做过兼职公关人员，在xx公司做过推销员，还为学校拉过广告，已有一定经验和一些熟悉的客户。所以，我觉得，自己若有幸能来贵公司，不但可为贵公司从事技术工作，还可以推销产品，产销双结合。

对这段话的回答，回答者用实在的内容作答。假如是以虚对虚，那只能给面试官留下遗憾，无法真正了解求职者。

(3) 另辟蹊径，曲言婉答

在面试场上，对有些问题的回答，如果用确切的语言回答，只能使自己走上死胡同，又使对方难以接受。所以，在某个时候，就得另辟蹊径，避开正面话题，由远及近，由彼及此，最后才回到问题上去。请看下面一例。

问：我们招聘的人，要有两年以上的工作经验，你符合条件吗？

答：对于贵公司这种录用人的条件，我是很理解的。富有经验的人工作上手得快些，但是，有经验的人可能在其从事的工作中养成一些不易改的坏习惯而产生一些不良的后果。我作为一名新手，可塑性强，适应能力较强，随时准备按贵公司的需要去塑造自己，以更适应工作。至于工作经验，我也不是没有，大学时，我在不影响学习的基础上进行勤工俭学，从中获得了不少经验及技艺，虽然这些不是在专职工作中得来的，但毕竟也是一种经验的积累。

这类问题是一种压迫性的问题，是一个有意拒绝求职者、让求职者知难而退的问题。其实，很多公司在招聘时提及这些条件，一般都是可硬可软的，并非是一成不变的。假如求职者被这一条件所吓倒，退避开来，也就面临着求职的失败。面对这种问题，要知难而进，不要反唇相讥，或者无言以对，或者一怒之下拂袖而去，应沉着想办法应对，从另一个方面说服面试官。以上这份作答就显得很巧妙，求职者不但能说明"有经验的不一定好"，而且能进一步介绍自己的情况，可让面试官从原问题退出，进入到求职者的设计中去。

3. 面试交谈注意事项

(1) 语言要切题、得体

要做到语言切题、得体，一般要注意避免以下几种情况。

① 说话范围过大。在回答前，一定要揣摩好面试官的问话，不要大题小做或小题大做，无论哪种都会给自己带来不利。比如，当面试官让求职者谈谈某方面的爱好时，要记住不要扯得太远，只挑一两个与工作关系密切、最能体现自己特性的爱好加以回答即可，也就是说，该简短的不要长谈，更不

要离题。

②过于自信。过于自信会导致说话不顾及后果，以自己为中心，一味夸奖自己。这种旁若无人的自我夸奖，不但不会增加面试官对求职者的了解、赏识，反而会令对方反感。

③过于恭谦而不讨好。中国人素以恭谦为美德，但在求职场上过于恭谦也会令自己不利。求职者不应老是说一些很客套的话，如"不不，我做得不好。""我可能说得不大对。""我水平有限，答得不好。"这些谦语虽是在表现求职者的谦逊，但若说得太多，无形中也在贬低自己的水平。

(2) 语言要详简适中

注意语言不要啰唆时，也得注意回答问题不能太简短。有些求职者在面试时回答问题只简单地用"是"或"不是"作答。要知道，面试官是想通过具体的回答来了解对方的情况，而不只是需要简单的答案。

(3) 语气中要显个性

有些求职者错误地认为，在求职场上千万不要得罪面试官，因而一味使用一些过于迎合面试官的语言。其实，不要得罪人与极力讨好人是两码事，在回答问题时，若极力迎合面试官，一味唯唯诺诺，只会让人觉得你是个毫无主见的人。

(三) 面试中"说"的学问

只有恰当、准确、诚恳地用语言表达出你的思想、才智、修养，才能最终让主考人确信你是本部门职位的合适人选。"说"是表现自我的重要手段。那么，怎样说话才能达到表现自我的目的呢？

1. 说好第一句话

据不完全统计，有80%的应试者参加面试时，不主动说第一句话，沉默地等待主考人发问，或虽然主动说话但不得体，如"哦，我来了。""我准备好了，请提问题吧。"只有20%的人能有礼貌、得体地说好第一句话。一般来说，第一句话可以是问候、请示或自我介绍，如"您好，我是×××，来参加面试"等，要根据当时的实际情况灵活掌握，不能弄巧成拙。创造良好的开端，可以给主考人留下良好的印象。

2. 表现出热烈和激情

大多数主考人都喜欢积极参与、开朗的人。因此，应试者不能消极被动地坐在那里等着回答问题。应试者要积极主动地参与交谈，适时调控面谈的进程，达到说服对方的目的。当然，交谈要掌握分寸，不能喧宾夺主。讲话在精而不在多，说话过多就难免失之轻率。说话要力求把握要点，说一些无关的事于己不利。

任何一家招聘用人单位都会考察你是否对工作和生活充满激情。一个对生活和工作没有激情的人，是永远不会被录用的。如果你想达到自己的职业生涯目标，那么，求职时一定要表现出激情，并与面试官共同分享。人们对周围的一切，特别是职业充满激情是一件好事。激情，对任何个性的人都能增添光彩，是职业成功不可缺少的重要组成部分。

3. 注意语言表达方式

在语言沟通方面，说话的内容往往没有说话的方式重要。主考人对应试者的印象与评价，来自"他讲了什么话"方面较少，而对应试者怎样讲这些话反而较多。因此，在面试过程中，回答问题的内容固然重要，而说话的方式更不容忽视。

应试者在介绍情况、回答问题时，既不能冗长繁琐，也不要混乱晦涩，繁琐混乱会使对方感觉你思想不清，喋喋不休或长篇大论也会使人心中不快，产生不良效果。应该尽量做到以下几点：一是把自己的意思完整地表达出来；二是要条理清楚，层次分明，合乎逻辑思维；三是语言简练，没有废话；四是语速适中，不急不缓，平时说话快的要尽量把语速降低下来；五是声音大小适中，太小显得信心不足，太大会使主考人员感到很不自在，说话的声音只要让主考人员听清就行了。

说东西一定要具体。比如说，别人问你在做几个项目，按中国人的回答习惯，通常都是说四五个项目，但面试时最好具体讲出。

说话要有点有面地说，不妨平常就做些练习，而且通篇一定要有一个有重量级的卖点，而不是随便的一个点。

重点的事情先说。因为你的谈话随时可能被人打断，一旦打断，重要的东西也许就没机会说了。

4. 充分展示你的优点

必须准备好对方想听的内容。面试官的一条宗旨，他们是在选好职员。一个好员工是这样一个人：不只为薪水工作的人，可靠的人；有头脑、有精力、有热情的人；严于律己、组织性强、目标明确、善于把握时间的人；工作认真负责、任务完成出色的人；守时、按时上班或提前上班、下班后仍继续工作甚至在办公室干到很晚的人；热爱学习、有培养前途的人；机智灵活、善于应付各种形势、对工作环境适应力强的人。所以，在招聘面试中，应该不失时机地展示或声明你真正拥有上述优点。

你与面试官的时间分配最好各占一半，但是现实往往是你占了75%，面试官只占25%。面试官把时间这样分配背后隐藏的道理就是让求职者有机会自由表现自我，从而了解求职者的方方面面，包括职业上和个人隐私这些在履历表或通常表面上无法表现出来的东西。而你要把时间各按一半分配，这样，你可以尽可能多地了解你所申请的这项工作、这家公司及面试官本人，你会更多地了解这次招聘的目的和目标。

当谈话出现冷场甚至长时间沉默时，不要惊慌。学会如何使用沉默，利用这个间隙整理思绪，寻找机会来准备下面要讲的话。谈话时间停顿不仅有利于重新出现谈话的高潮，而且也有助于将谈话重点调整到主要问题上。

在面试时由于紧张，容易脱口而出，从而导致说错话。这时，不应该懊悔万分、心慌意乱，这样只能越发紧张，接下去的表现更糟糕。最好的办法是保持镇静。若说错的话无关紧要，可以若无其事，专心继续应答。因为主考人不会因一点小错误而放过合适的人才，且主考人也会理解你因为心情紧张说错话。若说错的比较重要，应该在合适的时间更正并道歉。例如说："对不起，刚才我有点紧张，好像讲错了，我的意思是……，不是……，请原谅。"出错之后弥补自己的过失需要很大的勇气，但主考人往往会欣赏应试者的坦诚态度。

职场演练 1

面对面交谈案例分析一

面试在一个大礼堂进行，几十个学生被分成四人一个小组，每个小组有一个面试官。面试过程很"残酷"，只要不入面试官的"法眼"，或是答不上面试官的提问，面试官就会说"你可以走了"，也就是被当场淘汰。

那天我和三个男生分到一组，我刚走到面试官面前还没来得及坐下，面试官只瞄了我一眼就冷冷地对我说:"你可以走了,我觉得你不合适!"

我很震惊,说实话也觉得很没面子。可是我没走,嘴上没说,心里却满满的是不服气:你根本不认识我,凭什么看一眼就认为我不合适,凭什么就让我走?不过,当时我并没有吭声,因为我也觉得当面"质问"面试官,既没礼貌也显得我很没风度。我想,等面试结束后再与面试官理论也不迟。

另外三个男生都坐下了,我可不管他们是怎么想的,我也坐下了。面试官最终也没赶我走,只是当我不存在,然后开始对着其中一个男生发问:"你最得意的一件事情是什么?"可能是因为紧张,那个男生竟不知如何作答,支支吾吾地说自己还没有工作,也没有做出什么特别的成就,所以也没什么得意的事。我心里很着急,觉得他的回答有点偏题,我可不愿意他在第一道坎上就被淘汰。于是在边上悄悄地提醒他:"你可以说一件在学校里做过的你自己感到最满意的事情……"

面试官看了我一眼,我也不以为然:你不至于给我加上一条作弊的罪名吧,这种时候该帮人一把的。反正我已经是"不合适的人"了——这应该就叫"无欲则刚"吧。

不过,接下来的形势可不容乐观,三个男生相继被淘汰了,最后桌前就剩下我一个。面试官还没跟我对上话呢。不过,到现在看上去面试官是有话要说了。我还是不动声色。终于面试官开口了:"那三个人应该是你的竞争者,可我刚刚看你一直在帮助他们,你为什么要帮助他们?他们答不上来不是对你更好?如果他们都淘汰了,岂不是你的机会就来了?"我说:"我不以为他们是我的竞争对手,如果都能通过面试,将来大家可能还是同事,有困难自然是要帮一下的。"

对我的回答,面试官不置可否,却又拾起了先前那个话题:"我刚刚已经对你说,你不合适,你可以走了。可你为什么不走呢?"

机会来了,该是我说话的时候了。我的"不满"终于有机会宣泄了:"我觉得你并不了解我,所以我要留在这里给你一个了解我的机会。第一,我非常仰慕贵公司,因为我被贵公司的企业文化和用人理念所吸引,所以我很郑重地投出了我的简历,也很高兴能参加这次面试。第二,我还想对你说一句,我认为你的态度对一个面试者来说很不友善。因为今天我是面试者,明天我可能是你们的员工;我更可能是潜在的客户。可是你今天这样不友善的态度给我留下了深刻的印象,今天我可能成不了你的员工,但明天我可能也不再愿意成为你们的客户。第三,你的不友善影响了我对贵公司的看法,明天还有可能影响到我所有的朋友对贵公司的看法,你可能赶走了不少你们的潜在客户!"

面试官笑了,对我的表现非常满意。因为从一开始,面试官早就给我出了一道压力面试题:如何面对挫折。要知道,这次招的是销售员,在未来的工作中,面对的会是无穷无尽的拒绝和白眼,一些客户的态度可能比这位面试官坏好几倍。如果连面试的还算礼貌的冷脸都无法面对,那他将来如何面对未来的困难呢?另外,面试官对我在面试中愿意帮助别人也表示认同,这恰恰显示了我的团队合作精神。我这才恍然大悟,对面试官的态度表示赞同,也为自己顺利通过了面试感到高兴。

分析与讨论

案例中的"我"面试成功的经验有哪些?

职场演练 2

面对面交谈案例分析二

演练目标:掌握面对面交谈的方法和技巧。

案例情景:一位客人入住某饭店,想让前台将他的房价打个折扣。服务员说:"这不是我说调就能调的,这是饭店的规定。"客人说:"我出差常到你们这里住,这次是来旅游的(当时是旺季),你们优惠一点(平季),不信你可以查一查。"服务员说:"那你应该知道我们房价的调整政策,现在一律不许打折,就这种房价都还供不应求呢。出来旅游花点钱没什么呀?你要嫌弃房价高,那你到别的饭店去看看吧,小饭店的房价会便宜一点。"说完便忙着去接待别的客人去了。

客人非常生气,马上转身走到大堂经理处去投诉了。当然,以后他再来出差时,便选择了另一家与这家同等档次的饭店,饭店从此失去了一个常客。

演练内容:分析前台服务员的接待情况,请你一一指出她的言语表达存在哪些问题,并用规范的接待行为进行演练。

演练要求：

1. 本演练可在教室或实训室进行。

2. 先分组讨论，再进行角色模拟演示。

3. 分组进行，每组3~5人，一人扮演服务员，一人扮演客户，分角色轮流演示。

演练总结： 个人畅谈沟通体会，教师总评，评选出最佳沟通者。

职场演练3

面对面交谈演练

演练目标： 能进行话题交谈。

演练内容： 从下列话题中选择一个话题，与同桌进行3分钟的交谈。

1. 以感兴趣的影视作品为话题。

2. 以网络为话题。

3. 以对方的服饰、发型为话题。

4. 以近期的新闻事件或新闻人物为话题。

5. 到同学家去做客，怎样与其家人交谈？

6. 你与你的家人在公交车上碰到了班主任，你会做些什么？

7. 评估团来校评估，一个成员休息时刚好坐你旁边，你怎么与他交谈？

演练总结： 引入话题进行交谈的技巧。

能力测试1

倾听能力测试

测试题目：

1. 你喜欢听别人说话吗？

2. 你会鼓励别人说话吗？

3. 你不喜欢的人在说话时，你也注意听吗？

4. 无论说话人是男是女、年长年幼，你都注意听吗？

5. 朋友、熟人、陌生人说话时，你都注意听吗？

6. 你是否会目中无人或心不在焉？

7. 你是否会注视说话者？

8. 你是否能忽略足以使你分心的事物？

9. 你是否微笑、点头以及使用不同的方法鼓励他人说话？

10. 你是否深入考虑说话者所说的话？

11. 你是否试着指出说话者所说的意思？

12. 你是否试着指出他为何说那些话？

13. 你是否让说话者说完他（她）的话？

14. 当说话者在犹豫时，你是否鼓励他继续下去？

15. 你是否重述他的话，弄清楚后再发问？

16. 在说话者讲完之前，你是否避免批评他？

17. 无论说话者的态度与用词如何，你都注意听吗？

18. 若你预先知道说话者要说什么，你也注意听吗？

19. 你是否询问说话者有关他所用字词的意思？

20. 为了请他更完整地解释他的意见，你是否询问？

评分标准与结论分析：

请按以下五个档次打分：测试的问题在你身上总是发生5分，常常发生4分，偶尔发生3分，很少发生2分，几乎从不发生1分。

得分在90~100分：你是一个优秀的倾听者。

得分在80~89分：是一个很好的倾听者。

得分在65~79分：你是一个勇于改进、尚算良好的倾听者。

得分在50~64分：在有效倾听方面，你确实需要再训练。

得分在50分以下：请用心去倾听。

能力测试2

交谈能力测试

测试题目：

1. 在沟通中，我与对方保持目光交流。

2. 在我与别人沟通时，我会让对方陷入思索中，对方也会对我说："这真是个好问题。"

3. 对于一些问题，我会从他人的角度看待和理解。

4. 我认真听，即使我的观点被否定了。

5. 在交谈时，我能够通过观察得知别人的态度。

6. 如果其他人不同意我的看法，我能做到不心烦，特别是其他人没有我有经验时。

7. 当我批评人时，我确信我提到的是人们的行为，而不是人本身，即工作中对事不对人。

8. 我解决问题时能控制感情。

9. 提供其他信息让对方明白，你很在乎这件事。

10. 与下属沟通时，我可以做到清楚且能很好地解释他们的想法。

11. 当我不理解一个问题时，会提出需要解释。

12. 我与对方交流时，给予对方反馈，尤其是在他希望有所反应时，避免对方有独白的感觉。

13. 当沟通出现争议时，我注意改变话题。

14. 在给别人打电话时避免要求什么。

评分标准与结论分析：

请按以下五个档次打分：测试的问题在你身上总是发生5分，常常发生4分，偶尔发生3分，很少发生2分，几乎从不发生1分。

得分在56~70分：你是一个优秀的沟通者。

得分在42~56分：你是一个良好的沟通者。

得分在28~42分：你的沟通能力一般，某些方面应当改进。

得分在28分以下：你需要加强沟通能力训练。

第二章　电话交谈技巧

电话沟通是现代职场中常用的沟通方式，也是一种特殊的沟通方式，沟通过程中双方只闻其声，不见其人，即只能靠声音、语言沟通，因此，我们一定要掌握一定的技巧。

职场故事

销售员："您好，请问您是实力润滑油有限公司吗？你们的网站好像反应很慢，谁是网络管理员，请帮我接电话。"

拉拉："你好！你找谁？"

销售员："我是长城服务器客户顾问，我刚才访问你们的网站，想了解一下有关奥迪用润滑油的情况，你看都10分钟了，怎么网页还没有显示全呢？您是？"

拉拉："我是拉拉，不会吧？我这里看还可以呀！"

销售员："你们使用的是局域的内部网吗？如果是，你是无法发现这个问题的，如果可以用拨号上网的话，你就可以发现了。"

拉拉："您怎么称呼？您是要购买我们的润滑油吗？"

销售员："我是长城服务器客户顾问，我叫曹力，曹操的曹，力量的力。我平时也在用你们的润滑油，今天想看一下网站的一些产品技术指标，结果发现你们的网站这么慢。是不是有病毒了？"

拉拉："不会呀！我们有防毒软件的。"

销售员："那就是带宽不够，不然不应该这么慢的。以前有过同样的情况发生吗？"

拉拉："好像没有，不过我是新来的，我们主要网管是小吴，他今天不在。"

销售员："没有关系，我在这里登陆看似乎是服务器响应越来越慢了，有可能是该升级服务器了。不过，没有关系，小吴何时来？"

拉拉："他明天才来呢，不过我们上周的确是讨论过要更换服务器了，因为企业考虑利用网络来管理全国1300多个经销商了！"

销售员："太好了，我看，我还是过来一次吧，也有机会了解一下我用的润滑油的情况，另外，咱们也可以聊聊有关网络服务器的事情。"

拉拉："那你明天就过来吧，小吴肯定来，而且不会有什么事情，我们网管现在没有什么具体的事情。"

销售员："好，说好了，明天见！"

这是一个通过电话预约来促进销售的例子。在这个例子中，销售员首先是让客户迷茫，提示客户的服务器响应缓慢的问题，或者是有病毒的可能，或者是带宽的问题等，总之是问题过多；其次采用了唤醒客户的策略，即明确指向服务器响应缓慢的可能并安抚客户，暗示客户其实找到了行家里手，不用担心。通过学习对话，我们知道销售员是网络服务器销售人员，拉拉是一个客户组织中影响力并不大的一个人，但是，从影响力不大的客户组织内部的人身上却往往可以发现大订单的可能，这个对话反映出了大订单的可能性，因此，销售员立刻改变策略，要求拜访，并获得了拉拉的支持。拉拉的支持主要源于销售员对销售中4C的有效运用。

(一) 拨打电话的技巧

1. 做好通话前的准备

(1) 准备好电话号码，了解通话对象的情况。

(2) 明确通话目的。

(3) 提前想好谈话要点、列出提纲。

(4) 选择适当的表达方式。

(5) 电话沟通中可能会出现的障碍及解决方法。

(6) 选择通话时间。如无急事，非上班时间不打电话给客户。如给客户家里打电话，上午不早于9:30，晚上不晚于21:00。

(7) 制定拨打电话流程。

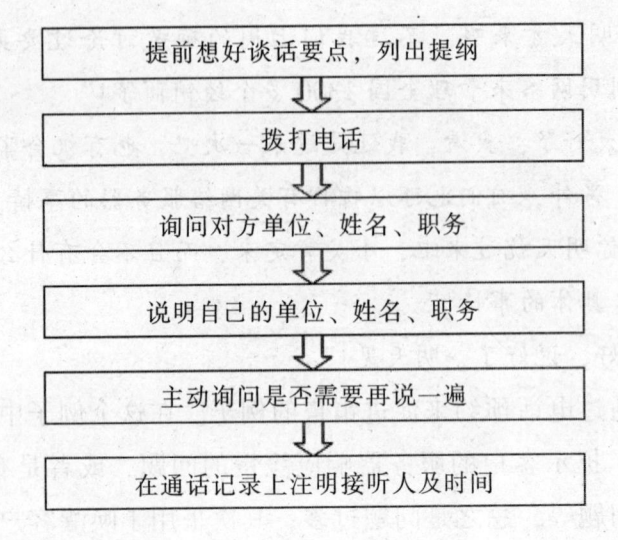

```
提前想好谈话要点，列出提纲
            ↓
          拨打电话
            ↓
  询问对方单位、姓名、职务
            ↓
  说明自己的单位、姓名、职务
            ↓
   主动询问是否需要再说一遍
            ↓
  在通话记录上注明接听人及时间
```

相关链接 1

电话机	电话机是电话业务的基本工具。
笔和纸	用来做日常的电话记录，主要包括：来电者和去电者的姓名、单位、内容、日期等信息。
电话记事本	电话记事本记录了客户的联系方式，这是一笔宝贵的财富，你的所有业绩都在这上面。把记事本放在手边，便于随时查阅。
计算器	电话交谈中，你随时都可能要跟客户算一笔账，比如产品打折之后的价格等。有个计算器在手边，你就可以快速、准确地告诉客户那个数字，让客户感觉到你办事很有效率。
钟表	做好时间管理，不同的电话设定不同的通话时间，例如问候电话不超过1分钟，预约拜访电话不超过3分钟等。
电脑	可以随时上网查找相关信息，并且可以随身携带大量的资料。
传真机	可以把相关资料及时发给客户。传真发完后记住及时询问客户是否收到，是否完整和清晰。
喜欢的饮料和茶水	饮料和茶水可以补充我们的体力并滋润嗓子，让自己的声音保持宏亮，即使每天打100通电话，客户听到的依然是亲切、明亮、自信、热情的声音。

2. 拨打电话时的注意事项

（1）礼貌用语，微笑说话。

（2）用心聆听，清晰表达。

（3）陈述事实要简洁，说明要点有条理。

（4）语气语调要合适。

合适	不合适	合适	不合适
热情的	冷漠的	友好的	充满敌意的
有礼貌的	粗鲁的	感兴趣的	毫无兴趣的
愉快的	不耐烦的	谦逊的	傲慢的
自信的	自负的、猥琐的	温暖的	冷酷的
容易接近的	难以相处的	简洁的	啰唆的
冷静的	难控制情绪的	有条理的	混乱的
明智的	盲目的	措辞得当的	词不达意的
轻松的	压抑的	能抓住重点的	事无巨细的
能适时地给对方以回报	打断对方谈话或者保持沉默	能给对方以舒服的感受	对别人的话不闻不问

(5) 列出电话清单

列出电话清单,一是计划条理清楚,二是可以备查。

相关链接 2

电话清单范例

序号	电话对象	电话时间	内容要点	轻	重	缓	急	备注
1	张常	5.12/10:00	请他购买15日飞往北京的机票		√		√	
2	王雅倩	5.12/15:00	询问项目进展情况				√	
3	李菲菲	5.12/16:30	询问上周她为什么会迟到三次	√				
4	曹雷	5.12/20:00	约他出来吃饭	√				
5	张常	5.13/9:00	询问机票是否买到了		√		√	
6	赵飞宇	5.13/10:00	交待他在我去北京期间全面主持公司事务		√		√	
7	高娟	5.13/11:00	告诉她随我去北京出差,让她安排好时间				√	
8	康维佳	5.14/9:00	告诉他明天上午8点去机场		√			
9	王翰林	5.14/14:00	告诉他我将于明日中午到北京		√			去接我
10	王小丫	5.14/15:00	到北京后,约她出来吃饭			√		

(二) 接听电话的技巧

1. 接听电话的流程

(1) 及时接听

不要让电话响得太久,"铃声不过三声",最好在三声之内接起。

(2) 应对得体

热情问候并报出公司或部门名称、自己的姓名和职务,并询问对方单位名称、姓名、职务。

(3) 做好记录

详细记录通话内容,以便过后及时解决相关问题。

(4) 复述内容

复述通话内容,以便得到确认,不至于造成误解或损失。以下信息尤其要注意重复:对方的电话号码;双方约定的时间、地点;双方谈妥的产品数量、种类;双方确定的解决方案;双方认同的地方,以及仍然存在分歧的地方;其他重要的事项。

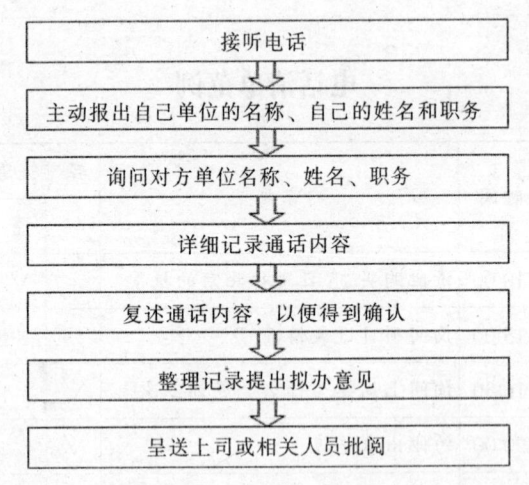

```
        接听电话
           ↓
主动报出自己单位的名称、自己的姓名和职务
           ↓
    询问对方单位名称、姓名、职务
           ↓
        详细记录通话内容
           ↓
    复述通话内容,以便得到确认
           ↓
        整理记录提出拟办意见
           ↓
       呈送上司或相关人员批阅
```

(5) 整理记录

用 5W1H 检查记录内容的完整性,提出拟办意见。

5W1H 包括:Who(是谁)、What(什么事)、When(什么时候)、Where(什么地方)、Why(为什么)、How(怎么样)。

(6) 呈送上司

对一些内容关系较大,已经超出自己可以决定权限的电话,必须呈送上司或是相关责任人员批阅。

相关链接 3

电话记录单范例

来电单位（姓名）		电话	
来电时间			
来电内容			
处理意见			
备注			

去电单位（姓名）		打电话者	
接听者		通话时间	
去电内容			
通话结果与处理意见			
备注			

2. 电话标准应答方式

情况	应答
接听打进来的电话	财务部，比尔·约翰
来电要找的人正在接听另一部电话	约翰先生正在接电话，您是等一会儿呢，还是让他回电话给您？
来电要找的人正好离开办公室一小会儿	约翰先生现在正好不在办公室，有什么需要我转达的吗？
对方接通的是错误的分机	这类情况归财务部解决，我帮您转过去好吗？
来电要找的人正在开会，下午3点钟才能散会	约翰先生正在参加会议，下午3点钟才散会，我是不是告诉他给您回电话？
来电要找的人正在接待一位客户	约翰先生正和客户在一起，您看需要他回电话吗？
来电要找的人已经离开办公室，下午不会回来了	约翰先生今天下午不会回来了，您看需要他明天回电话吗？
你需要知道是谁打的电话	我可以告诉约翰先生哪位打电话找他吗？
来电要找的人不在	约翰先生不在办公室，您看，用他回电话吗？ 注意：不要说"他今天没来"，因为这会使人觉得他睡过了头。

续表

情况	应答
来电要找的人生病了	约翰先生今天不在，您看是让他给您回电话，还是找别人帮忙？
你需要告诉对方这边的进展情况	约翰先生正在接电话，有什么需要我转告的吗，或者需要他给您回电话？
你过来接已经让对方等了一会儿的电话	对不起，让您久等了。
电话要找的人出差了	约翰先生不在办公室，6月4日才来，有什么需要我转告的吗？或者，您看找别人行吗？ 注意：不要说"他出差了，不在这个城市"，这样说等于告诉小偷去窃他家很安全。
你去接一个转接过来的电话	财务部，比尔·约翰，我可以帮什么忙吗？
电话要找的人不在办公室，但会马上回来	约翰先生不在办公室，12点才能回来。您看，要他给您回电话吗？ 注意：不要说"我不知道他在哪儿"，这听起来很不合适，你应该知道他在哪儿。
来电要找的人出去喝咖啡了	我想他大概20分钟后回来，要他给您回电话吗？
来电要找的人出去吃午饭了	我想约翰先生大概1点钟回来，要他给您回电话吗？ 注意：不要说"他去吃午饭了"，这样说可能意味着他精力不济。
来电要找的人很忙，不想被打扰	约翰先生3点钟才能有空，您看找别人行吗？或者，我帮您捎信给他，要他给您回电话？ 注意：不要说"他现在很忙"，这样说会给人一种他被事务缠身的感觉。
你要与对方结束谈话	感谢您打来电话，再见。
你打电话给别人	早上好，我是×公司的比尔·约翰，我能跟史密斯先生说几句吗？

（三）手机使用注意事项

1. 手机的放置

放在合乎礼仪的常规位置，一是随身携带的公文包里，二是上衣的内袋里，不要挂在脖子上或腰带上。

2. 手机的使用要注意场合

下列场合，如开会时、课堂上、开车中、飞机上、剧场里、图书馆、医院里和加油站等，不宜使用手机。

在一些公共场合使用手机，如公交车、地铁、楼梯、电梯、路口、人行道等地方，说话声音不要太大，以免影响他人或泄露公务与机密。

3. 手机铃声要合适

职场中不要使用怪异、低俗或搞笑铃声，以免影响你或公司的形象。

4. 不要频发短信

不要在别人能注视到你的时候查看短信；不要一边和别人说话，一边频频收发短信；不要编辑转发无聊短信。

5. 不要随意拍照、录像

社交场合不要随意用手机给别人拍照、录像，这都是不礼貌的。

职场演练1

演练目标：能分析案例中存在的问题。

演练内容：

电话销售人员：您好，请问是xx公司吗？

客户：是的，什么事？

电话销售人员：帮我转一下王总。

客户：你是哪个公司的？

电话销售人员：我是上海南洋热管锅炉制造有限公司的，找你们王总有点事情。

客户：王总出差了，有什么事可以先跟我说吗？到时候我再转告给他。

电话销售人员：我觉得还是亲自告诉他比较好。

客户：那你改天再打吧！（挂断）

演练总结：

1. 分析案例中存在的问题。

2. 这种情况下，如何正确使用电话沟通，请两位同学一组演练。

职场演练2

回顾一下，你平常打电话时有没有不恰当的做法，如果有的话把它们列到下表中，并把恰当的做法也列出来。

不恰当的做法	恰当的做法

职场演练 3

电话交谈演练

演练目标：能运用相关技巧进行电话沟通。

演练内容：请同学们两人一组，分别扮演小李和客户，进行电话沟通演练。

演练情景：小李是做电脑推销工作的。他打电话给一位客户推销笔记本电脑，电话中客户告诉他已经有了一台台式机，而且表示目前没有购买笔记本电脑的打算。在这种情况下，你如何在电话中劝说客户购买一台笔记本电脑？

能力测试

电话沟通能力测试

电话沟通情景	得分
1. 如果对方问了一个很难的问题，我会帮助他	
2. 即使工作很有压力，我接电话时也总是保持冷静	
3. 我算是一个有耐心的人，别人都说我是一个很好的听众	
4. 不管对方行为如何，我都能忍受，而且心情不受影响	
5. 通常我对大多数事情都有热情，并且将这种热情表露于外	
6. 在我接电话时，总是面带微笑	
7. 我以我的工作为荣，也希望别人意识到这一点	
8. 我的答案绝对可靠，在告诉对方之前，我会努力找正确答案	
9. 我很自信，我觉得和大多数人的交往都很轻松自如	
10. 我是个善解人意的人，我总是试着从对方的角度来看问题	
11. 我认为，在电话中轻松幽默是很有必要的	
12. 我讲话时通常比较慢且吐字清晰，因为有时电话线不是很好	
13. 在电话交谈时，我通常表现得比较主动投入，即使对方不专心	
14. 我从心底感谢那些在电话里积极回应的人，并亲口向他们致谢	
15. 我相信任何争议都有两方面，认识这一点并解决问题是重要的	
16. 如果有人被忽视了，心情沮丧，我通常会劝慰他们，使他们平静下来，并且提出我的想法和解决方法	
17. 我电话中的声调总是很有礼貌的，即使与一个我不喜欢的人通话	
18. 对每个电话我都认真对待，即使遇到了很棘手的难题	
19. 通常我与他人合作非常好，我被认为是考虑问题全面的人	
20. 与人合作，我会提出自己的看法与建议，能接受别人的意见	
21. 在一起工作就要相互帮助，当我为别人接电话时要意识到这一点	
22. 我意识到每个电话都很重要，当我在电话中与别人交谈时，无论什么时候我代表的都是我的公司而不是我个人	

评分标准：

我做得比这差远了，2分；比这差一点，4分；比这好一点，6分；比这好很多，8分。

你的得分是_____。

140~160 分：优秀；

102~138 分：良好；

82~100 分：不错；

52~80 分：有待改进；

40~50 分：各方面都急待改进。

第三章 如何赞美、说服与拒绝他人

一、如何赞美别人

赞美是一种沟通艺术。莎士比亚说:"赞美是照在人心灵上的阳光,没有阳光,我们就不能生长。"由此可见赞美在职业沟通中是多么重要。每一个人都期望得到别人的赞赏,希望自身的价值得到社会的肯定。真诚的赞美,会使你获得良好的人际关系,实现有效沟通。

职场故事

法国前总统希拉克刚上任时,聘了一个女秘书协助他。这个女秘书年轻又漂亮,但是她的工作却屡屡出问题,不是字打错了,就是时间记错了,这给希拉克的工作带来了很多的麻烦。有一天,女秘书一进办公室,希拉克就夸奖她的衣服很好看,盛赞她的美丽。女秘书受宠若惊,要知道总统平时是很少这样夸奖人的。希拉克接着说:"相信你的工作也可以像你的人一样,都办得很漂亮。"果然,女秘书的公文从那天起就再没有出现过什么错误。有个知道来龙去脉的参议员就好奇地问总统:"你这个方法很妙,是怎么想出来的?"希拉克笑一笑:"这很简单,你看理发师帮客人刮胡子之前,都会先涂上肥皂水,这样做的目的就是让客人不会觉得疼痛,我不过就是用了这个方法而已!"责备的目的不过是为了使对方改正缺点,带着这样的心思,试着用赞赏的方式去责备,你收到的将是更好的成效。

(一) 赞美的作用

1. 赞美能满足他人的自我需求

人人都需要赞美。威廉·詹姆斯说过:"人性的根源有一股被人肯定、称赞的强烈愿望,这是人和动物的最大不同点。"谁不希望得到别人的赞美?谁不希望别人肯定自己存在的重要性和价值?心理学家马斯洛认为,被尊重和自我实现是人的高层次的需求,而赞美正是满足了人们的这种自我需求。

相关链接 1

1852年秋天,屠格涅夫在打猎时,无意间在松林中捡到一本皱巴巴的《现代人》杂志。他随手翻了几页,竟被一篇题为《童年》的小说所吸引,作者是一个初出茅庐的无名小辈,但屠格涅夫对他却十分欣赏,钟爱有加。他四处打听作者的住处,最后得知作者两岁丧母,七岁丧父,是由姑母一手抚养照顾长大的,为了走出生命征途中的泥泞,作者刚跨出校门便去高加索部队当兵。屠格涅夫倾注了极大的同情和关注,几经周折,找到了作者的姑母,表达了他对作者的赞赏和肯定。姑母很快就写信告诉自己的侄儿:"你的第一篇小说在瓦列里扬引起很大的轰动,连大名鼎鼎、写《猎人笔记》的作家屠格涅夫逢人就称赞你,他说'这位青年人如果能坚持继续写下去的话,他的前途一定是不可限量的!'"

作者收到姑母的信后欣喜若狂,他本是因为生活的苦闷而信笔涂鸦打发心中寂寥的,并无当作家的妄念。但由于名家屠格涅夫的欣赏,竟一下子点燃了他心中的火焰,找回了自信和人生的价值,于是一发不可收拾地写下去,最终成为享有世界声誉的艺术家和思想家。他就是《战争与和平》、《安娜·卡列尼娜》和《复活》的作者列夫·托尔斯泰。

2. 赞美能激励人们不断进步

赞美永远都不是多余的,尤其是对于孩子。一次真诚的赞美,可能胜过一万次严厉的责备。马克·吐温说过:"一句赞美的话可以抵我十天的口粮。"称赞对于人类的灵魂而言,就像阳光一样,没有它,生命就无法生长并开出艳丽的花朵。但是大多数的人,只是善于躲避别人的冷言冷语,却吝于把赞许的温暖阳光给予别人。善于赞美别人的人,自己也同样会收获尊重和温暖。

3. 赞美能促进双方感情

懂得赞美别人,就是在维护自己和他人的关系。你赞美别人时,对方会感到由衷的高兴,彼此之间会产生一种好感,增进双方的感情,真诚的赞美是人际关系的润滑剂,在职业沟通中要常常使用。

相关链接 2

某单位的小王和小张因为一件小事发生口角,小张每遇到小王就冷嘲热讽一番。过了一段时间，小张的一篇文章发表了，可是单位里除了小王之外，其他人都不知道。小张见大家都没说什么，自己想说出来吧，又怕别人说自己炫耀，很是憋闷。小王看穿了小张的心思，就在办公室里公布了这个消息，并向小张表示祝贺，称赞其才能，小张在欣喜和陶醉之余，向小王投去感激和钦佩的目光。从此，小张和小王重归于好并得到了同事的称赞。

4. 赞美能够成就一个人

赞美的力量是无穷的，它能让人增加自信，让人更肯定自己，让人产生积极的回应，尽显优点，甚至会改变一个人的自我评价，成就一生。

相关链接3

卡耐基小时候是一个公认的非常淘气的坏男孩，在他9岁时，父亲把继母娶进家门。当时他们还是居住在乡下的贫苦人家，而继母则来自富有的家庭。父亲向继母介绍卡耐基："亲爱的，希望你注意这个全区最坏的男孩，他已经让我无可奈何。说不定哪天他会做出你完全想不到的坏事。"继母微笑着走到卡耐基面前，托起他的头认真地看着，然后说："你错了，他不是全村最坏的男孩，是全村最聪明、最有创造力的男孩。"以前，从来没有一个人称赞过卡耐基。就是这句话，卡耐基和继母建立了友谊；也就是这句话，激励着卡耐基的一生，使他日后创造了成功的28项黄金法则，被人们称为"第一代成功学大师"。

(二) 赞美的方法

1. 直接赞美法

这是最常用的赞美方法，当我们发现别人在行为、外表、气质等方面有令人赞赏之处时，直接对之进行赞扬。运用这种方法往往会取得最好的效果。例如"这件衣服穿在你身上太漂亮了。""你怎么就想出了这么好的办法！""你家房子布置得真雅致。"等。

2. 间接赞美法

(1) 背后赞美

直接赞美虽然能取得很好的效果，但如果用词不当或把握不好尺度，就可能使赞美流于阿谀奉承。为了避免这种情况，背后赞美是一个不错的选择。这样无论使用什么样的溢美之词，都不会显得过于露骨和肉麻，而对方又同样能领会到你的赞赏之情。

相关链接4

某日，某公司张经理有些懊恼地对秘书林小姐说："小林，咱们部门里的那个小王，我真是受不了她了，请你转告她，如果她不改改那个坏脾气，就赶紧走人吧。"秘书林小姐说："好的！经理，我会处理这件事的。"后来，张经理再次遇到小王的时候，他发现小王真的变了，既和气又温柔，与以前相比简直判若两人。张经理感到很奇怪，这人的性格变化也未免太大了吧。于是他就找来秘书林小姐，问她是怎么回事。林小姐笑着说："经理，你得原谅我假传圣旨。我跟王小姐说：'有很多人称赞你，尤其是张经理，说你既温柔又可爱，脾气好、人缘也好！'她听了很开心，这不，脾气也改了。"张经理听了大赞秘书做得好，同时也开始反思自己以前的做法。事实上以前他也赞美过下属，但显然效果不是很好，没想到背后的赞美比当面赞美的效果更好。

(2) 巧借别人的话赞美

有人说"赞美是畅销全球的通行证"，赞美不仅可以直接说出自己的感受，也可以借助他人的评价或感受。用别人的话来表示赞美，话语间是别人的赞美，实际上表达的是你的赞美。这样不仅能准确传达你的意思，还能使对方愉快接受。

相关链接5

原一平有一次去拜访一家商店的老板。

"先生，你好！"

"你好！你是谁呀？"

"我是××保险公司的原一平，今天我刚到贵地，有几件事想请教你这位远近出名的老板。"

"什么？远近出名的老板？"

"是啊，我调查了一下，大家都说这个问题最好请教你。"

"哦！大家都在说我啊！真不敢当，到底什么问题呢？"

"实不相瞒，是……"

"站着谈不方便，请进来吧！"

（3）虚心请教是高超的赞美

人都有好为人师的自大心理，所以在许多时候，以低姿态、有针对性地去请教他人，以自己的普通凸显对方在该方面的优势，可以起到赞美他人的作用。恰到好处地使用此种方式，既成功地赞美了别人，又能给人留下虚心好学的好印象。

相关链接 6

金文认识许多学术界的泰斗，并常常得到他们的指点。他们之间的相识也是缘于赞美运用得法。因为有很多人也曾拜访过这些大师，但往往谈不了几句便无话可说，很快被"赶"了出来，而他竟成为大师们的座上客，其中自有奥秘。

作为准备在学术领域有所建树的金文，自然也很仰慕这些大师。他得知拜访这些人不易，在每次拜访第一次见面的专家时，他会先将这个人的专著或特长仔细研究一番，并写下自己的心得。见面之后，先赞扬其专著和学术成果，并提出自己的想法。由于他谈的正是大师毕生致力于其中的领域，自然也就激起了大师的兴趣，并有了共同话题，谈话中，金文又提出自己不理解的地方，请求大师指点，在兴奋之际大师自然不吝赐教，于是金文既达到了结交的目的，又增长了许多见识，还解决了心中存在的疑惑，可谓一举多得。

（三）赞美的艺术

1. 态度要真诚

每个人都喜欢听赞美的语言，但人们更珍视真心诚意，它是人际交往中最重要的尺度，因此只有真心诚意的赞美才能够被人接受。那些信口开河、言不由衷、虚情假意的恭维之词，不仅起不到促进良好沟通的作用，还会让人觉得你是在嘲笑或嫉妒他人，甚至还会引起别人对你的防范。

相关链接 7

英国作家霍尔·凯因由于家境不好，只读了 8 年书就辍学了。不过，他非常喜欢十四行诗和民谣，最崇拜的人是英国诗人罗塞迪。

有一次，他一时兴起，就给罗塞迪写了封信，赞美他在艺术上的贡献。罗塞迪看到信后非常高兴，觉得能如此夸赞自己成就的人一定也是满腹才华的人。于是就请霍尔·凯因来伦敦当自己的秘书。这是霍尔·凯因一生的转折点，在这之后他和知名文学家的关系变得更加密切。在他们的支持和鼓励下，他本人也经过不断努力，不久，就在文学界崭露头角。

现在，霍尔·凯因的私人宅邸已成了世界各地观光者必瞻的名胜之一，而他留下的财产则在250万美金以上。如果当初他没有写信给罗塞迪，也许他会一直贫穷下去。

2. 内容要具体

因为赞美时越具体明确，其有效性就越高。含糊其辞的赞扬会引起混乱，并引起一些误会。空泛、含糊的赞美因为没有明确的评价原因，常使人觉得不可接受，并怀疑你的辨别力和鉴赏力。而具体的赞美因是有所指的，会让人听起来觉得更加真诚友好。

相关链接 8

赵岩是一位聪明漂亮的女经理，她每次买西瓜都可以买到最甜的。别人问她为什么时，她说以前买西瓜时只会对卖瓜师傅说："师博，麻烦您给我挑个好西瓜。"但他顶多挑三四个，就搬上一个来，说："姑娘，如果这个瓜生，你就送回来，我再给你换！"

学会赞美后，她就对卖瓜师傅说："师傅，我昨天从您这里买了一个西瓜，是我今年夏天吃过最甜的一个西瓜，我觉得您挑得特准，麻烦您再给我挑一个。"

她发现那位师傅听到这一番具体化的表述之后，又是高兴又是紧张，手都有点抖了，一连拍了七八个西瓜，回头对她说："姑娘，今天你这么说，我的手怎么也没准了？"连续挑到第九个，才搬上来："姑娘，如果这个瓜不甜，你就送回来！"

3. 把握赞美的频率

事实证明，在特定时间内，一个人赞美他人的次数，尤其是赞美同一个人的次数越多，其作用力也就越低，所以我们应该记住人们需要赞美，但千万不要轻易赞美。如果你太频繁地赞美别人，别人对你的赞美就觉得无所谓了，甚至还会认为你是一个以虚誉钓人的献媚者。在这种情况下，你赞美别人一次，别人就会增加一份对你的警惕和反感。

人们总是喜欢那些对自己的赞美不断增加的人，并且对于自始至终都赞美自己的人和由最初贬低自己逐渐发展到赞美的人，尤其喜欢后者。因为相对来说，前者容易让人认为他是一个"和事佬"，而人们对后者所产生的印象是"说我不好，一定是经过考虑、分析的，可能有他一定的道理"，从而认为对方可能更有判断力，进而更喜欢他。所以赞美要慎重。

4. 赞美要因人而异

人的本性虽然都喜欢被人赞美，但赞美却不能千篇一律。人的心理、需求各不相同，赞美的内容、方法、技巧就要因人而异。

对年轻人要赞美他的创造才能和开拓精神并举，实例说明，显得具体不空泛；对老人家，夸赞其身体健康，红光满面，儿女孝顺，好福气；对小孩子，赞美他聪明、伶俐、可爱；对男人要赞美他事业有成、太太漂亮贤惠、孩子聪明可爱；对女人要赞美她温柔漂亮，先生事业有成而且体贴又有责任感，孩子聪明可爱。

职场演练 1

积累赞美语言

演练目标：积累掌握赞美的语言。

演练过程：回想一下下列问题。

1. 生活中别人赞美你时用到哪些词？
2. 你赞美别人时又用到哪些词？

把你能想到的用于赞美的词都写到你的本子上，越多越好。

职场演练 2

"戴高帽"

演练目标：

1. 寻找别人的优点并加以欣赏。

2. 学会赞美别人。

演练过程：

1. 请每组同学围成一圈坐好。

2. 请其中一位同学向大家介绍自己的姓名、个性、爱好等。

3. 其他人轮流根据自己对他/她的了解及观察，说出他/她的优点并加以赞美。

4. 全组成员轮流做完之后，各自谈一下受到赞美后的感受。

5. 总结一下，日常生活中我们应该从哪些角度去赞美别人？把它们一一列到你的本子上，请分对象（如性别、年龄、职业）、分场合（日常生活、职场中）来列。

职场演练 3

赞美训练

演练目标： 能运用相关技巧进行赞美。

演练过程： 请两位同学一组，就下列人物进行赞美训练。

1. 一位身材矮胖、面目黝黑的女客人。

2. 一位活泼开朗的顾客。

3. 一位沉默寡言的男同事。

4. 一位漂亮的30岁女同事。

5. 一位眼睛小小的男士。

6. 一位母亲带着的淘气小男孩。

演练总结： 个人畅谈赞美的体会与收获，教师总评，评选出最佳角度者、最新颖的赞美点。

能力测试

赞美能力测评

测试题目：

1. 不管有事没事，你喜欢微笑吗？（　　）

A. 不喜欢

B. 一般

C. 常常微笑

2. 如果有人夸奖你，你会有什么反应？（　　）

A. 对方肯定有求于我

B. 对方夸得过了，不好意思

C. 表示感谢

3. 如果一个人给你看了他小孩的照片，你会：（　　）

A. 无声地放回去

B. 一带而过，借机谈自己的孩子

C. 夸奖他的孩子

4. 如果你的朋友升职了，第二天见到他，你会：（　　）

A. 和以前一样打声招呼

B. 表示祝贺

C. 一定要用新的职务去称呼他

5. 如果对方给你送上他的名片，你会：（　　）

A. 直接装到兜里

B. 看一看，然后装到兜里

C. 读出名片上的名字，有不了解的请教对方并适时夸奖

6. 你碰到邻居买了一辆新车，你如何反应？（　　）

A. 视而不见

B. 看看然后说我也要买车了

C. 你看着他的眼睛，真诚地说："我真喜欢你新车的颜色"。

7. 如果被邀请参观朋友的住宅、办公室或公司，你会：（　　）

A. 没反应

B. 告诉他，我哥哥的房子比这还要好

C. 告诉他，真不敢相信你竟有这么豪华的房子

8. 如果你是老师，学生回答问题，信口开河或者牛头不对马嘴，你会：（　　）

A. 批评他，让他下次注意思考成熟后再开口

B. 请他坐下，对其他同学说，让我们听听正确的答案

C. 表扬他的勇气，鼓励他再想想

9. 你的好朋友买了一件首饰，她让你做评价，你会说：（　　）

A. 没什么，我早就买了

B. 嗯，挺好看的，多少钱啊？

C. 非常漂亮，太符合你的脸型了

10. 你的女朋友烫了头发，她问你的看法，你会说：（　　）

A. 太成熟，不适合你

B. 挺好看的，挺适合你

C. 非常适合你，很有女人味

评分标准及结论分析：

以上题目选 A 得 0 分，B 得 1 分，C 得 3 分。

如果得分是 25 分以上，说明你是一个懂得赞美并且有很好赞美能力的人，你有很好的人缘，大家很愿意和你在一起。

如果得分是 15 分至 25 分，说明你可能知道在人际交往中需要赞美，但是赞美的技巧需要加强。

如果得分是 15 分以下，你是一个自我意识超强的人，可能不怎么在乎别人的感受，要注意改善自己。

二、如何说服别人

说服，是在一定情境中个人或群体运用一定的战略战术，通过信息符号的传递，以非暴力手段去影响他人的观念、行动，从而达到预期目的的一种沟通表达形式。

说服是沟通中常用的一种方式，甚至有人说"人生是一个说服的过程"。无论是面对上司、同事、朋友或是爱侣，你都需要说服他人接受你的思想和观念，认同你的组织文化，做你希望他做的事情。为此，我们需要掌握说服的方法与技巧。

（一）说服的原则

1. 提高说服者信誉

说服者的信誉是决定说服成功的关键。信誉包括两大因素：可信度与吸

引力。可信度由说服者的权威性、可靠性以及动机的纯正性组成，是说服者内在品格的体现；吸引力主要指说服者外在形象的塑造。人们总是愿意相信那些德高望重、有权威、有地位、有能力、有专长的人，因此，说服者一定要内塑品质、外塑形象，提高信誉。

2. 了解说服对象

了解说服对象的性格、特点、兴趣、爱好，捕捉对方思想、态度方面流露出的点滴信息，摸清对方的思想问题症结所在，了解对方的心理需求，以求能够因人制宜，采取不同的说服方法。

3. 把握说服时机

说服要把握好时机。心情、环境等因素都制约着说服的效果。心理学研究表明，人的心境不同，对否定性意见的接受程度也不同。要善于选择被说服者心境最佳的时机进行说服，对方才会愿意听，才会用心听，才能听得进，有可能事半功倍；否则，对方心境不佳，强行劝说，有可能适得其反。

4. 营造说服氛围

一个宽松、温和、幽雅的环境较之肃穆、压抑、逼人的环境，其说服效果自然会好得多，一个自己熟悉的地点环境比在一个陌生的环境中进行说服自然也会有利得多。营造一个恰当的说服氛围，不仅是必要的，而且是必需的。

5. 反自我利益

你说服别人的观点对你没有什么好处，甚至能带来某种危害，这个时候的说服最容易被人接受。

(二) 说服的技巧

1. 运用苏格拉底说服术

苏格拉底是两千多年前古希腊的哲学家，他以论辩见长。他创立的问答法——苏格拉底说服术，至今还是被世界公认为"最聪明的劝诱法"。其原则是：与人论辩时，开始不要讨论分析的观点，而着重强调彼此共同的观点，取得完全一致后，自然地转向自己的主张。具体的做法和特点是：开头提出一系列的问题让对方连连说"是"，与此同时，一定要避免让他说"不"。一开始就说"是"字，会使整个心理趋向于肯定的一面，这时全身的组织都呈放松状态，情绪轻松，保持谈话间的和谐气氛，从而易于接纳劝说。

2. 换位思考，为对方着想

站在对方的立场，从对方的角度考虑问题，设身处地地为对方着想，所以才能够句句说到对方的心坎里去，使他心悦诚服地接受劝说。

相关链接 9

柏拉图的堂弟格老孔，在不到 20 岁的时候，就想担任城邦政府的领袖，但是格老孔有关这方面的知识和才能都很欠缺。没有一个人能说服他不要这么做。这件事被苏格拉底知道了，鉴于和柏拉图的关系，他决定开导开导这位不知天高地厚的青年。

一天，苏格拉底看见格老孔迎面走来，老远就喊："喂，格老孔，听说你决心做我们城邦的领袖，这是真的吗？"为了使格老孔乐意听自己的话，苏格拉底故意装出十分热情的样子，选择了格老孔最感兴趣的话题。

"是的，我的确是这样想的，苏格拉底。"格老孔回答。

"那好极了，如果人间真有什么好事的话，这又是一桩好事了。因为，倘若你的目的能够实现，你想有什么就会得到什么；你将能够帮助你的朋友；为你的家庭扬名，为你的祖国增光；你的名声在传遍全城之后，还会传遍整个希腊，甚至在异邦中享有盛名。那时，你无论到那里去，都会受到人们的敬仰。"

果然，格老孔听了这番话，大为高兴，就停下来同苏格拉底交谈。

看到格老孔留下来，苏格拉底接着说："看来很明显，格老孔，如果你想要受到人们的尊敬，你就必须对城邦有贡献。"

"正像你所说的。"格老孔回答。

于是苏格拉底请格老孔谈谈做贡献的打算。正当格老孔思考的时候，苏格拉底问他是不是首先让城邦富裕起来，而实现富裕的途径是让税收增多。格老孔表示同意。苏格拉底又问，税收从何而来，总数多少，不足的补充来源是什么。格老孔回答说他对这些问题没有考虑过。之后，苏格拉底又问他对治理国家所必须考虑的问题的看法，如削减开支、国防力量、防御战略、粮食供应等。格老孔要么回答没有考虑，要么说不清楚，要么推托这类事没必要亲自照管。

看到格老孔为难的样子，苏格拉底进一步开导他说："国、家一理。国家人口多，一些问题确实很难说上来，但如果能帮助一家，就可以着手帮助更多的人家，你为什么不从增进你叔父家的福利试一试呢？"

格老孔说："只要叔父肯听我的劝告，我一定能对他们有所帮助的。"

苏格拉底笑了；"怎么？你连叔父都说服不了，还想希望包括叔父在内的整个雅典人都听你的劝吗？年轻人，要当心，你一心想要出名，可不要弄个适得其反呀！看看现实，在所有的事情上，凡受到尊敬和赞扬的人都是些知识最广博的人。反之，都是些最无知的人。如果你真想在城邦获得盛名并受到人们的赞扬，就应当努力对想要做的事求得最广泛的知识。因为只有这样，你才能胜过别人；当处理事务的时候，你也就会很容易地获得你所期望的目标了。"

高傲的、一心想做领袖的格老孔被说服了。

3. 以退为进，迂回出击

当遇到难以正面说服或难以拒绝的人的时候，就要避开正面劝说，改变一下策略，运用以退为进的语言表达技巧，常常会收到意想不到的效果。

相关链接 10

20世纪50年代初，英国首相丘吉尔会见十分傲慢的蒙哥马利将军。会见中，蒙哥马利拿出烟斗，装上烟丝，把烟斗叼在嘴里，取出火柴。当他准备划燃火柴时才停下来，对丘吉尔说："抽烟，你不会介意吧？"丘吉尔看了蒙哥马利一眼，自嘲道："抽吧，将军。别人喷到我脸上的烟雾，要比喷在任何一个英国人脸上的烟雾都多。"

听了丘吉尔的话，蒙哥马利便不好意思再在丘吉尔的面前抽烟了。显然，从一开始，蒙哥马利就不是真心地向对方征求意见。丘吉尔讨厌抽烟的人，但他心里很明白，在面前的这个人已经做好抽烟准备的情况下，如果说他介意，那就会显得自己粗鲁和霸道。为此，丘吉尔不是直言拒绝，而是以退为进，先用"抽吧"消除了蒙哥马利的对抗情绪和排斥心理，最后以"别人喷到我脸上的烟雾，要比喷在任何一个英国人脸上的烟雾都多"一句话取得说服的胜利。

4. 善意威胁，以刚制刚

说服别人时，有时会用到威胁的方法，威胁可以增强说服力，但前提是善意的，用善意的威胁使对方产生一定的恐惧感，从而达到说服目的。在具体运用时要注意以下几点。

第一，态度要友善。

第二，讲清后果，说明道理。

第三，威胁程度不能过分，否则就变成威逼，可能会弄巧成拙。

相关链接 11

在一次集体活动中，当大家风尘仆仆地赶到事先预订的旅馆时，却被告知当晚因工作失误，原来订好的套房（有单独浴室）竟没有热水。为了此事，领队约见了旅馆经理。

领队："对不起，这么晚还把您从家里请来。但大家满身是汗，不洗洗澡怎么行呢？何况我们预订时说好供应热水的呀！这事只有请您来解决了。"

经理："这事我也没有办法。锅炉工回家去了，他忘了放水，我已叫他们开了集体浴室，你们可以去洗。"

领队："是的，我们大家可以到集体浴室去洗澡，不过话要讲清，套房一人50元一晚是有单独浴室的。现在到集体浴室洗澡，但那就等于降低到统铺水平，我们只能照统铺标准，一人降到15元付费了。"

经理："那不行，那不行的！"

领队："那只有供应套房浴室热水。"

经理："我没有办法。"

领队："您有办法！"

经理："你说有什么办法？"

领队："您有两个办法：一是把失职的锅炉工召回来，二是您可以给每个房间拎两桶热水。当然我会配合您劝大家耐心等待。"这次交涉的结果是经理派人找回了锅炉工，40分钟后每间套房的浴室都有了热水。

5. 消除对方的防范心理

一般来说，在你和要说服的对象较量时，彼此都会产生一种防范心理，尤其是在危急关头。这时候，要说服对方，你就要注意消除对方的防范心理。如何消除防范心理呢？从潜意识来说，防范心理的产生是一种自卫，也就是当人们把对方当作假想敌时产生的一种自卫心理，而消除防范心理的最有效方法就是反复给予暗示，表示自己是朋友而不是敌人。这种暗示可以采用种种方法来进行：嘘寒问暖，给予关心，表示愿给帮助，等等。

相关链接 12

一天，有个"的姐"把一男青年送到指定地点后，对方掏出尖刀逼她把钱都交出来。她装作害怕，便交给歹徒 300 元钱说："今天就挣这么点儿，要嫌少就把零钱也给你吧。"说完又拿出 20 元找零用的钱。见"的姐"如此爽快，歹徒有些发愣。"的姐"趁机说："你家在哪儿住？我送你回家吧。这么晚了，家人该等着急了。"见"的姐"是个女子又不反抗，歹徒便把刀收了起来，让"的姐"把他送到火车站去。见气氛缓和，"的姐"不失时机地启发歹徒："我家里原来也非常困难，咱又没啥技术，后来就跟人家学开车，干起这一行来。虽然挣钱不算多，可日子过得也不错。何况自食其力，穷点儿谁还能笑话我呢！"见歹徒沉默不语，"的姐"继续说："咳，男子汉四肢健全，干点儿啥都差不了，走上这条路一辈子就毁了。"火车站到了，见歹徒要下车，"的姐"又说："我的钱就算帮助你的，用它干点正事，以后别再干这种见不得人的事了。"一直不说话的歹徒听罢突然哭了，把 300 多元钱往"的姐"手里一塞说："大姐，我以后饿死也不干这事了。"说完，低着头走了。

6. 投其所好，以心换心

说服别人时，站在他人的立场上分析问题，也会给对方一种为他着想的感觉，这种投其所好的技巧具有极强的说服力。但要做到这一点，最重要的还是"知己知彼"，唯先知彼，而后才能从对方立场上考虑问题，从而达到说服他人的目的。

7. 激发对方主动转变

要想让别人心甘情愿地去做某件事，最有效的办法，不是谈你希望他怎么做，而是谈他需要的，教他怎么去得到他所需要的。只提供看法，而由他自己去拿定主意，这比强迫对方去做更有说服力。

职场演练 4

说服练习

演练目标：运用能力与相关技巧进行说服。

演练内容：就下列题目与同桌进行说服训练。

1. 当你与某人讲理时，他恼羞成怒，向你举起拳头威胁，你怎么说服他放下拳头？

2. 几个朋友喝酒猜拳，夜深了，邻居都要休息，你怎么劝说这些正在兴头上的朋友散席回家？

3. 你怎么劝说一些孩子停止在禁火区玩火呢？

4. 单位让你去请一位专家来作专题报告，且要付报酬，你如何去请他大驾光临呢？

5. 某人不止一次向你复述同一件事或同一个笑话，而且讲一次要花很长时间。这次他又开始讲了，你如何说服他别讲了？

6. 某部队文工团的一位演员，在第一次登台演出时，由于缺乏经验而产生怯场心理，任凭别人怎么劝说也死活不上台。你若是领导，此时该如何说服她上台？

7. 学生宿舍内有的学生在睡午觉，可有一个学生却唱着歌走进来。你若在场，怎么劝他不要唱了？

8. 大家正在排队买火车票，这时，有一个人挤到窗口要插队买票，大家很不满意。你若在场，怎么说服他到后边排队买票？

9. 小王到大学同学大刘家去玩，正赶上大刘夫妻俩"内战"。大刘两口子争相请他评理，小王无言以对。两口子越战越酣。你认为小王应该如何说服他俩握手言和？

10. 高三学生高永学习成绩一直不错，可他对自己信心不足，因此不想参加高考，只打算考中专技校。你若是他的班主任，怎么说服他考大学？

演练总结：个人畅谈说服体会，教师总评，评选出最佳说服者、最佳说服技巧。

能力测试

说服能力测评

测试题目：

1. 请公寓的房东粉刷墙壁（   ）。

   A. 我们已住三年了，多少也照顾照顾我们吧

   B. 比起我们所付房租来，这点费用真是微不足道的

   C. 我也帮一部分忙吧

   D. 最近有两三个外地朋友要来这里做客，他们很想找个合意的公寓租居下来，如果他们欣赏的话，说不定会成为你的顾客呢

   E. 如果我是你的话，一定二话不说就会大大粉刷一番的，这里又不是只你一个人有房子

2. 在宴会中想使一个醉鬼安静下来（   ）。

   A. 明天一清醒，你就会后悔的

   B. 那边有个好漂亮的小姐在看呢，安静一点吧，我来介绍介绍

   C. 你还不知道吧，大家都在看你呀

   D. 安静一点，不要那么大声好不好

   E. 刚才听说，你在最近的高尔夫球赛里得到优胜，可以告诉我一些详情吗

3. 你儿子的成绩不及格，他的老师知道大部分的作业都是你代他做的，可是你却和他商量要求他让你儿子及格（   ）。

   A. 可是我的儿子是确实用功的，请给他加点分数奖励吧

   B. 你们的校长是我的老朋友呢

   C. 是我糊涂，怪我不是，请让他再有发奋图强的机会吧

   D. 我那位当明星的弟弟最近要来，我给你介绍介绍吧

   E. 只要这科让他及格，他就会进入大学的

4. 你正在为一项慈善事业募捐，对方却是个吝啬成性的人（   ）。

   A. 只要你捐一点钱，我就写一张两倍数目的收据，好让你少付一些所得税

   B. 我想本地的问题应由本地人来共同解决，不要让官方插手进来，不知贵意如何

C. 请你了解，这是身为市民应尽的义务

D. 如果你能捐款，就够给我赏脸了

E. 这是十分有意义的慈善演练

5. 暴徒拿枪顶着你的背，你不想让他抢你的钱（　　）。

A. 你真倒霉，我身上恰好没钱

B. 小心一点吧，我是空手道三段呢

C. 老天爷，这是我一周来的血汗钱啊

D. 我的皮夹子在裤子后面的口袋里，尽管拿去吧

E. 求求你，千万别伤害我

6. 你比资格老的同事先高升了，却需要他的携手合作（　　）。

A. 这种工作只有靠你的协助才能顺利进行

B. 上司快要退休了，我接了他的缺后，就升你为科长吧

C. 真惭愧，他们把我提升了，其实你才是最合适的一位

D. 现在我是上司，今后请听我的命令行事

E. 这是你的新机会，可以表现你的才能

7. 你的儿子想看电视，你却要他练钢琴（　　）。

A. 你弹得好的话，我会很开心的

B. 好孩子该听话的，每个人都不得不做些不喜欢做的事呀

C. 我们来约好吧，我让你看完这个节目，你就乖乖练琴，不要再啰唆了

D. 你把琴练好了，会很讨人喜欢的

E. 不练琴，那所有的学费不是都白费了

8. 你的秘书有个约会，你却不得不请她加班工作（　　）。

A. 把约会取消吧，打完这个报告我就请你吃一顿好饭

B. 上头吩咐，今天非把这个报告书发出不可

C. 我明知这是不情之请，可是事非得已，拜托拜托吧

D. 打完这个报告，不然就回到过去的打字部

E. 我相信这件工作只有你才可以做好

9. 你想丈夫和你一起去度假（　　）。

A. 今天我见了王大夫，他说你得休息休息

B. 你常常因工作出差旅行，我想偶然也去旅行一下

C. 你说，到风景宜人的××去休假十天，不是很惬意吗

D. 亲爱的，我好想去度个假呀

E. 只有我们两人一起去度假，不是很妙吗

10. 你超速驾车，想请警察能通融通融（　　）。

A. 仅此一次，请高抬贵手吧

B. 我送给你一些钱，请就这样算了吧

C. 也许你不相信吧，我一直都是很规矩的

D. 可能是稍稍开快了些，我只是一时糊涂没有觉察而已

E. 实在是不得已，我有个急事非赶快不可啊

评分标准与答案分析：

这里搜集了10种日常最容易发生的情境，每种情境各有5个说服的方式，请选择一个你认为最好的说服方式。这10个问题中如能答对8题，你的说服力便及格了。如果在7题以下的话，那就有再研究一下你的说话技术的必要了。

说服无定法，但下面的答案总是较有效的。

序号	答案	说　　明
1	D	一般说来，人只要知道接受你的意见是有利可图的，那么他必会欣然顺从你。尤其最能打动人心的，是金钱上的利益。
2	E	醉鬼往往是不可理喻的，要是你能转移他的方向，诱导他大谈其得意事，让他尽情发泄，必会使他安静下来。
3	C	自己不对时应该勇于认错，大大方方地低头。
4	B	精明的售货员都会见机行事，依对象不同而使用适当的措辞。
5	D	好汉不吃眼前亏，碰到不得已的场合，与其犹豫不决，不如干干脆脆认命！
6	A	要使别人为你做事，最重要的是抬高别人，使人感到重要。
7	C	该妥协，为想大胜一战，有时你得小败一场。
8	E	人在被信任而激发起自尊时，最能努力工作。
9	A	这是单刀直入的战术，是可以奏效的少数情况之一，我们对于医生的命令通常都会低头的，只要诉诸人类自我保存的本能，总不难达到目的。
10	D	当你碰到警察这种无可奈何的场合，乖乖的谦逊低头往往是再好不过的方法。

三、如何拒绝别人

拒绝，就是对他人的一种直接或间接的否定。职场沟通中拒绝别人是不可避免的，但怎样既否定了别人的意愿、行为，又不影响人际关系与沟通效果？这就需要拒绝的方法与艺术。

拒绝是工作、生活、学习中人人都要面对的沟通方式，喜剧大师卓别林曾说："学会说'不'吧！那你的生活将会美好得多。"而如何说不，却是生活中的一道难题，说"不"既需要勇气，更需要合适的方法与技巧。

（一）应该拒绝的情况

中国人大多是讲人情、爱面子的，在与别人交往的过程中，难以对别人的要求作出拒绝。但是，在人际交往中，每个人都会遇到不能接受的要求或者自己能力范围内无法解决的问题，这时，我们必须要说"不"。一般来说，下列情况应考虑拒绝。

1. 违背自己做人的原则
2. 不符合自己的兴趣爱好
3. 违背自己的价值观念
4. 可能陷入关系网
5. 有损自己的人格
6. 助长虚荣心
7. 庸俗的交易
8. 违法犯罪的行为

（二）拒绝的方法

1. 直接拒绝法

对那些不能接受的要求，应该直接予以拒绝，不能犹豫，不可含糊，切忌模棱两可，以免对方产生误解，仍抱有幻想。但拒绝时语气要诚恳，要向对方耐心地解释你拒绝的理由，表示歉意，请求对方谅解。当然，对那些无理的、过分的要求，应予以严词拒绝。

遇上难缠的高手，委婉拒绝无效，那就放弃以理拒绝的想法，改用放弃思考的语言予以彻底否定，利用带有诸如"反正""可是""还是"等词的句子，把对方前面所讲的一切予以推翻。

2. 婉言拒绝法

运用委婉的语言，暗示对方无法完成请求。委婉表达拒绝，比直接说"不"让人容易接受。

例如当对方的要求是不合于公司或部门规定时，就委婉地表达自己的权限。在自己工作已经排满而爱莫能助的前提下，就让他清楚自己工作的优先顺位，如果耽误工作，会对公司与自己产生冲击。

3. 答非所问法

别人提出的问题或要求，不便回答或明确表态，就可以用与对方所提问题或要求相近或相关的话去回答，故意转换话题，引申出新的意义。从表面上看，像是在回答对方的问题或要求，实际上所答非所问。

相关链接 13

有位老教授被请去给研究生做学术报告，从上午8点开始，整整讲了两个半小时，接着他便开始回答研究生的提问。有个研究生提出要求："请您谈谈当前这个学科研究的现状。"这个问题实在太大，不是短时间内能够讲得清楚的，而这位老教授已是80高龄，需要早点休息，可他又不能当着年轻人的面说"你的题目太大，一时难以回答"。于是他很幽默地接过对方的话题说："你不让我回家吃饭了是不是？"一句话把大家都逗乐了，提出这个要求的那位研究生自然也乐于接受老教授的拒绝。

4. 幽默拒绝法

这就是用幽默的语言表达拒绝的意思。如有人请我们帮忙，可以这样拒绝："啊，对不起，今天我还有事，只好当逃兵了。"如果一口回绝对方，会让对方觉得下不了台，没有面子。那么我们可以先肯定对方一部分的要求，给对方一些鼓励，让他放弃被拒绝的戒心，然后再委婉地加以拒绝，这样会使对方更加容易接受。

5. 诱导否定法

在对方提出要求或问题之后，不马上回答，而是先绕一个弯子，然后再引回到对方所提的要求上来，或者反问一个问题，诱使对方自我否定，自动放弃原来提出的要求或问题。

6. 借口推脱法

先答应对方的要求，再找个借口推脱。

相关链接 14

据北宋陈正敏《遁斋闲览》记载，当时富贵之家大多从新科进士中选女婿，这在当时是很普遍的现象，其中不乏有人虽不愿意，但迫于权势不得不应允的。一天，某权贵之家看中一名年轻进士，便派十名家丁强行相邀。年轻进士没有推辞，跟随而来。到家之后，引来不少人围观。一会儿，衣着华贵的主人出来，对进士说："我膝下只有一女，相貌倒也不俗，愿许配给郎君，不知意下如何？"进士先鞠躬，后答道："我出身贫寒，能高攀贵人，深感荣幸，谢谢您的厚爱。不过，这事我得先回家跟妻子商量一下，您看如何？"这样，人们都知道这位进士已婚，大笑不止，让这位主人感到无比羞愧。

7. 装聋作哑

如果对方所提的要求或问题正是你要回避的，没办法，只好假装没听见，当然也就用不着答复了。

相关链接 15

1945年7月，苏、美、英三国首脑在波茨坦举行会议。一次会议休息时，美国总统杜鲁门对斯大林说美国研制成功了一种威力巨大的炸弹。这是用暗示的方式来试探斯大林对原子弹所持的态度。斯大林却像没听见一样，没作任何回答，也没有露出丝毫异常表情，以至于许多人回忆说斯大林好像有点耳晕，没听清楚。其实斯大林听得很清楚，会后他告诉莫洛托夫："应该加快我们工作的进展。"两年后，苏联也成功地爆炸了第一颗原子弹，打破了美国的核垄断。

8. 附加条件法

先顺承对方的意思，然后附加一个事实上不可能或主观上无法达到的条件。

9. 补偿法

当对方提出一个很棘手的问题，或者是一件你目前没有办法做到的事，可以找到一个替代办法作为补偿，如"真对不起，这件事我实在爱莫能助了，不过，我可帮你做另一件事！"

相关链接 16

有个野心勃勃的军官一再请求英国首相狄斯雷利加封他为男爵。首相知道此人才能超群，也很想跟他搞好关系，但军官不够加封条件，狄斯雷利无法满足他的要求。

一天，首相把军官单独请到办公室，对他说："亲爱的朋友，很抱歉我不能给你男爵的封号，但我可以给你一件更好的东西。"狄斯雷利放低声音说，"我会告诉所有人，我曾多次请你接受男爵的封号，但都被你拒绝了。"

这个消息一传出，众人都称赞军官谦虚无私、淡泊名利，对他的礼遇和尊敬远超过任何一位男爵。军官由衷地感激狄斯雷利，后来成了他最忠实的伙伴和军事后盾。

（三）拒绝的艺术

1. 不要立刻就拒绝

立刻拒绝，会让人觉得你是一个冷漠无情的人，甚至觉得你对他有成见。

2. 不要轻易地拒绝

有时候轻易地拒绝别人，会失去许多帮助别人、获得友谊的机会。

3. 不要盛怒下拒绝

盛怒之下拒绝别人，容易在语言上伤害别人，让人觉得你一点同情心都没有。

4. 不要随便地拒绝

太随便地拒绝，别人会觉得你并不重视他，容易造成反感。

5. 不要无情地拒绝

无情地拒绝就是表情冷漠、语气严峻，毫无通融的余地，会令人很难堪，甚至反目成仇。

6. 不要傲慢地拒绝

一个盛气凌人、态度傲慢不恭的人，任谁也不会喜欢亲近他。何况当他有求于你，而你以傲慢的态度拒绝，别人更是不能接受。

7. 要能婉转地拒绝

真正有不得已的苦衷时，如能委婉地说明，以婉转的态度拒绝，别人还是会感动于你的诚恳。

8. 要有笑容的拒绝

拒绝的时候，要能面带微笑，态度要庄重，让别人感受到你对他的尊重、礼貌，就算被你拒绝了，也能欣然接受。

9. 要有代替的拒绝

你跟我要求的这一点我帮不上忙，我用另外一个方法来帮助你，这样一来，他还是会很感谢你的。

10. 要有出路的拒绝

拒绝的同时，如果能提供其他的方法，帮他想出另外一条出路，实际上还是帮了他的忙。

11. 要有帮助的拒绝

也就是说你虽然拒绝了，但却在其他方面给他一些帮助，这是一种慈悲而有智慧的拒绝。

职场演练 5

拒绝练习

演练目标：能运用相关技巧进行拒绝。

演练内容：就下列题目与同桌进行拒绝训练。

1. 你的朋友给你一根香烟并游说你去尝试，你对吸烟是十分反感的，你会怎样拒绝他？

2. 你的朋友向你借钱，之前借给他的钱往往有去无回，你不想借给他，可你又不想得罪他，你会怎样拒绝他？

3. 你的朋友在派对中给你一杯酒并游说你去尝试，你对酒是十分反感的，你会怎样拒绝他？

4. 你的朋友邀请你和他的朋友一起露营，而你在后天有一个测验并需要时间温习，而且你也不喜欢他的朋友，你会怎样拒绝他？

5. 你的朋友邀请你和他一起去唱卡拉OK，但你认为那种场所人员复杂，且你一向歌喉平平，你会如何拒绝他？

6. 你的同学游说你把头发染成红色，但你怕被父母责备，你会如何拒绝他？

7. 你的朋友邀请你到他家玩麻将，但你觉得这项活动很不健康，又浪费时间，你会如何拒绝他？

8. 下星期三是你朋友的生日，他或她会举行一个生日派对，并邀请你参加，但你有一位朋友即将前往美国读书，你已约好在当天为她饯行，你会拒绝哪一位？如何拒绝？

9. 你的同学向你借功课抄，你觉得这样做是不对的，你会如何拒绝他？

演练总结：个人畅谈拒绝体会，教师总评，评选出最佳拒绝者、最佳拒绝技巧、最佳合作小组。

能力测试

拒绝能力测试

测试题目：

1. 你已经计划好了要利用晚上的时间把你家里的事情做完——这些事是你已经推迟过的，你最终决定要腾出时间来把它们完成。这时一个好朋友给你打电话，她说需要你晚上去她家里，因为她感情上出现了危机，她必须要找人谈谈。这时你会（　　）。

A. 立刻赶到她家

B. 你开始很着急，也拿不定主意，但认为她的问题更紧急，于是耽搁了片刻后你去了她家

C. 告诉她你会过去但是你需要先花几小时把事情做完

D. 告诉她你今天太忙了，但是可以找别的时间和她谈谈

2. 一个电话推销员晚上给你打电话，想要卖给你一件你并不需要的商品。电话另一端的女推销员声音甜美，而且你不想伤害她的感受，你会（　　）。

A. 在电话里听她讲大概20分钟推销

B. 先听几分钟，然后说对不起，告诉她你得出去，因为你的狗病了

C. 听一会儿后告诉她你没时间听她多讲，并且你不需要这种商品，告诉她你不希望她再打电话过来，并说"谢谢"

D. 你厉声地对她呵斥，并把电话挂断

3. 到吃饭的时间了你还很忙，因为你必须再做几件事情，比如把一个新包裹送到邮局。这时你的朋友打电话邀请你共进午餐，你决定（　　）。

A. 去和她一起吃午饭，希望自己会有足够的时间

B. 和她共进午餐，但是你不停地看表，如坐针毡

C. 同意去见她，但是告诉她你只有半小时的时间

D. 告诉她你太忙了，能不能再约个时间

4. 你姐姐或你的好朋友请你帮忙照料小孩，这样她就可以和她的朋友外出了，你会（　　）。

A. 你会如同平时一样立刻答应

B. 感觉有点被利用不过还是答应了

C. 告诉她这次可以，但不是每次你都随叫随到

D. 告诉她你的生活也很忙碌。你今天没有时间

5. 办公室里的一个家伙总说要和你一起吃顿饭，讨论一下你们的共同之处。办公室里只有你俩了，他强烈要求这周的某一天一起出去，你会（　　）。

A. 不假思索地同意

B. 有些顾虑，但由于不想破坏他的感受还是同意了

C. 去一起吃饭，但把谈话的主题放到工作上

D. 明白地告诉他你只想和他保持工作关系，不想单独地和他进行社会交往

6. 你在一家饭店订了午餐，但你只有一小时。当你到达那家饭店后，服务员告诉你今天预订的人太多了，你需要等一会儿才有座位，你会（　　）。

A. 坐在那里等，希望很快会有你的位子

B. 问清楚你到底要等多长时间，并向服务员解释你还有重要的安排

C. 告诉他你没有时间等了，离开那家饭店

D. 抱怨饭店的失误，然后离开

7. 你报名参加了晚上的一个课程，这门课程是你一直盼望学的。然后你发现你的爱人想在那天晚上用车，你会（　　）。

A. 放弃上课的念头，尽管你感到很失望

B. 跟他（她）解释一下上课的事，提议你们应该达成妥协，比如让他/她下课后去接你

C. 告诉他（她）这次该你用了，并且这次你一定要用这部车

D. 没必要和他（她）商量，你已经告诉他（她）你有课了

8. 你正在进行一次商务贸易，你要出售一百件你最昂贵的产品，虽然价格打了折扣，不过你对目前这个价格还满意，你将（　　）。

A. 同意按照客户能够支付的价格出售

B. 和他们商议一个新价格——比如，你们各让一步取折中价

C. 你可以负担商品的运费，但价格不能再变动

D. 告诉对方除非按照商定的价格，否则交易中止

9. 你正在安排和一群朋友一起去度假。在商量时间的时候，别人很明显都比你愿意早出发几天，这时你会（　　）。

A. 确定别人在那天都有空，去适应他们的时间，尽管这意味着你要错过几个重要的约会

B. 很不情愿错过你的约会，但最终你还是选择了和别人一起出发

C. 让别人和你一起解决这个问题，互相达成妥协，并且你希望可以不耽误你的约会

D. 告诉他们如果你会错过约会的话，你就不去和他们一起旅行了

答案与分析：

你的选项如果多数为 A，你是不是还不太懂得拒绝？你灵活变通，但你通常要为此付出代价。别人会"剥削"你，而且他们确实这样做了。有时候人们很难对不维护自己利益的人怀有敬意。你传达给别人的信息是：你是个逆来顺受的人。

如果你对平时害怕拒绝的事说了"不"会怎么样？为什么不找出一个或两个你目前羞于说"不"的情形，然后请一位朋友献计献策与你想出尽可能多的办法，让你能够坚定而有效地说一回"不"。选择那些你认为不会太不舒服的情形去试试。注意一下当你这么做时有什么感受，还要注意一下结果，将自己置于主动的位置。

你的选择如果多数为 B，你是一个出色的外交家，你不愿伤害别人的感受。当你真心地想说"不"的时候，你却说了"好吧"，那么这是很令人困惑的。你倾向于把别人的需求放到你的前面，之后才会考虑到自己的需求。你有没有感觉到自己被利用或筋疲力尽，似乎自己总没有足够的时间。你会不

会由于别人似乎忘记了你的需求而感到愤愤不平？你需不需要别人喜欢你？为了得到别人的喜欢你会不会过多地去取悦别人？你有没有许诺或表示要帮助别人但没有坚持下来？有没有考虑过让你自己的需求至少和别人的一样重要？每周为自己留出一些时间来，并且要清楚你自己有很多重要的事情要处理，这样做的结果是你要在相冲突的要求中做出选择。你需要清楚你真正首先要做的事。

如果你的选择多数为 C，你可以很得体但又很坚决地拒绝别人。你可以很好地平衡你与别人的需求。当你的确有必要拒绝别人，而且你打算拒绝的时候，你不会害怕说"不"。你有能力决定什么事情最重要，并且会坚持把它做下去，但同时又不丧失灵活性。拒绝别人不会给你带来太多的压力，因为你很清楚自己应该先做什么，并很清楚自己的实际操控能力。你偶尔会屈服于压力，下定决心再也不拒绝了，不过整体来说你能够明确而有效地拒绝别人，同时不会引发不必要的内疚感或困惑。

如果你的选择多数为 D，你按照自己的方式生活，你可以毫无困难地说"不"。你在自己认为可以接受和不可以接受的事情中间划分了一条清晰的界限。很久以前你就学会这么做了。这是你行为方式的基本部分，它可以帮助你集中精力完成你要做的事。另一方面，这种行为方式表明你在表达拒绝时态度很生硬，因为你想居于控制地位。如果你偶尔按照别人的行为方式做事会怎么样呢？

第四章 学会与人谈判

一、谈判的准备

谈判作为一种人际沟通方式,其应用非常广泛,谈判技能已经成为一个职场人士必备的技能。《礼记·中庸》记载:"凡事预则立,不预则废。"成功的谈判不仅需要谈判者的才能、素质、谈判技巧等,更需要在谈判前做好充分的准备,这是谈判获得成功的先决条件。

(一) 信息的准备

谈判前的第一项准备工作是做好重点信息的收集,主要需要收集两大方面的信息——谈判对手和同行竞争者。

1. 与谈判有关的背景资料

如政治状况、法律制度、社会习俗、气候因素、市场信息、己方与对方的商业习惯、金融状况、财务计划、决策的优先顺序、成本分析、期限压力、经营方向及宣传资料等。

2. 谈判对手的信息

要做好谈判对象的摸底工作,了解对方的背景、为人、谈判风格等;还要了解对方的资信、需求、心理、期望,然后做好预算,并了解对方对己方的了解程度。只有对对方的信息做到了如指掌,才能在与对手的情报战中赢得先机,才能在谈判中为己方添加筹码。

3. 第三方信息

谈判不仅包括你和你的谈判对手两方,还存在第三方,即同行竞争者。所以,在谈判的准备阶段,还要打探清楚同行的信息,比如他们的产品的质量、产量、交货期、价格的弹性、服务、维护等,还要掌握他们的顾客关系以及竞争策略。

(二) 谈判人员组织

1. 谈判班子的规模

国内外谈判专家普遍认为,一个谈判班子的理想规模以 6 人左右为宜。原因归结为:谈判班子的工作效率高,具有最佳的管理幅度,满足谈判所需的知识范围,便于谈判班子成员的调换。

2. 谈判人员的配备

(1) 首席代表

又可称为谈判领导人。他们在谈判中拥有领导权和决策权,一般由单位的副职领导人担任。

(2) 技术人员

由熟悉生产技术、产品标准和科技发展动态的工程师担任。

(3) 商务人员

由熟悉商业贸易、市场行情、价格形势、财务情况的贸易专家担任。

(4) 法律人员

精通经济贸易的各种法律条款。

(5) 翻译人员

在商务谈判中不仅能起到语言沟通作用,还能改变谈判气氛,增进谈判双方的了解、合作和友谊。

(6) 记录人员

具备熟练的文字记录能力,并具有一定的专业基础知识。

3. 谈判成员的分工与协作

(1) 主谈人和辅谈人的配合

在谈判的某一阶段或针对某一个或几个方面的议题,要有一个主谈人,由他为主进行发言,阐述己方的立场和观点;其他人处于辅助的位置,称为辅谈人,做好配合工作。

(2) "台上"和"台下"的配合

台上负责谈判,台下负责搜集资料、出谋划策等。

4. 谈判人员应具备的素质

(1) 良好的职业道德

这是谈判人员必须具备的首要条件。谈判人员必须遵纪守法、廉洁奉公，忠于国家、组织，要有强烈的事业心、进取心和责任感。

（2）健全的心理素质

坚韧顽强的意志力、高度的自制力、良好的协调能力。

（3）合理的学识结构

具备"T"字型的知识结构，横向方面有广博的知识，纵向方面也要有较深的专门学问。

（4）较高的能力素养

这是指谈判人员驾驭商务谈判这个复杂多变的"竞技场"的能力，主要包括：认知能力、运筹计划能力、语言表达能力、应变能力、交际能力、创造性思维能力。

（5）较好的身体素质

这是适应谈判工作的需要。

（三）制定谈判计划

1. 确立谈判目标

谈判目标是指谈判的方向和要达到的目的。但目标的确立不是随心所欲的。谈判目标是在预测基础上所期望的结果，分为三个层次：最高目标、可接受目标、最低目标。

最高目标：必要时可以放弃的最高追求。

可接受目标：谈判中可争取或作出让步的范围。

最低目标：谈判必须实现的目标，如果连这个目标也不能实现，就干脆放弃谈判。

2. 制定谈判方案

（1）谈判的地点选择

一是谈判地点选择。谈判地点有三种选择：己方地点、对方地点、第三方地点。己方地点有利于造势，增强压迫感，但容易产生依赖，且有一定的负担；对方地点有利于摸底，表现对对方的尊重，但在谈判安排方面比较被动；第三方地点对双方公平，但会造成一定的时间、精力和财力方面的浪费。

二是谈判场所的选择。一般要选择交通便利、信息通达、舒适安静的地方。必要时，可根据客人的要求，或为了满足客人的喜好，做一些特殊安排，以显示己方的实力与诚意。总之要根据谈判的需要安排。

(2) 谈判的时间安排

谈判时间的安排，即谈判在什么时间举行、多长时间、各个阶段时间如何分配等。一般周一和周五不适合安排谈判。

(3) 谈判的议程

这是指有关谈判事项的程序安排，包括通则和细则。通则议程是谈判双方共同遵守使用的日程安排，一般要经过双方协商同意后方正式生效。细则议程是己方参加谈判策略的具体安排，只供己方人员使用，具有保密性。

(4) 制定谈判策略

谈判人员要根据己方的实力，确定使用合适的谈判策略去赢得谈判。

(5) 模拟谈判

谈判方案制定出来以后，选出不同特征的人扮演谈判对手，尽可能从对手的角度出发提出问题，演练谈判过程，以检查谈判方案是否存在弊端和漏洞，以期在实战中达到理想的谈判效果。

(四) 其他物质条件的准备

谈判的物质准备包括谈判场所的布置、谈判座位的安排、谈判人员食宿安排等方面，由于其体现了作为东道主一方的诚意，对谈判气氛乃至整个谈判的发展都有着直接的影响，是谈判准备工作的重要内容，不容忽视。

二、谈判的策略

谈判是一场智慧的较量，谈判者为了达成己方的目标，实现利益最大化，往往采取各种策略，整个谈判的过程就是一个双方策略互动的过程。做好了谈判前的准备，采取何种谈判策略就成了决定谈判成功的关键因素。

谈判策略是谈判者在谈判过程中，为了实现特定的谈判目标而采取的各种方式、措施、技巧、战术、手段及其组合运用的总称。为了取得更好的谈判效果，谈判双方在谈判过程中都会采用一些必要的策略。虽然说谈判不可能有固定的策略，但我们还是有必要掌握一些谈判过程中常用的策略。

(一) 谈判开局阶段的策略

1. 一致式开局策略

一是营造良好的谈判气氛，为谈判奠定一个相互尊重、信任的良好基础，向对方传达一种友好合作的信息，减少对方的防范心理，有利于协调双方的思想和行动。二是以一种协商的口吻来征求谈判对手的意见，然后对其意见表示赞同和认可，并按照其意见开展工作。

> **相关链接 1**

  1972 年 2 月，美国总统尼克松访华，中美双方将要展开一场具有重大历史意义的国际谈判。为了创造一种融洽和谐的谈判环境和气氛，中国方面在周恩来总理的亲自领导下，对谈判过程中的各种环境都做了精心而又周密的准备和安排，甚至对宴会上要演奏的中美两国民间乐曲都进行了精心的挑选。在欢迎尼克松一行的国宴上，当军乐队熟练地演奏起由周总理亲自选定的《美丽的亚美利加》时，尼克松总统简直听呆了，他绝没有想到能在中国的北京听到他如此熟悉的乐曲，因为，这是他平生最喜爱的并且指定在他的就职典礼上演奏的家乡乐曲。敬酒时，他特地到乐队前表示感谢，此时，国宴达到了高潮，而一种融洽而热烈的气氛同时感染了美国客人。一个小小的精心安排，赢得了和谐融洽的谈判气氛，这不能不说是一种高超的谈判艺术。

  2. 保留式开局策略

  保留式开局策略是指在谈判开始时，对谈判对手提出的关键性问题不做彻底的、确切的回答，而是有所保留，从而给对手造成神秘感，以吸引对手步入谈判。

  3. 坦诚式开局策略

  坦诚式开局策略是指以开诚布公的方式向谈判对手陈述自己的观点或想法，从而为谈判打开局面。

  4. 进攻式开局策略

  进攻式开局策略是指通过语言或行为来表达己方强硬的姿态，从而获得对方必要的尊重，并借以制造心理优势，使得谈判顺利地进行下去。

> **相关链接 2**

  德国一家著名的汽车公司在巴西刚刚"登陆"时，急需找一家巴西代理商为其销售产品，以弥补他们不了解巴西市场的缺陷。当德国汽车公司准备与巴西的一家公司就此问题进行谈判时，德国公司的谈判代表因路上塞车而迟到了。巴西公司的代表抓住这件事紧紧不放，想要以此为手段获取更多的优惠条件。德国公司的代表发现无路可退,于是站起来说:"我们十分抱歉耽误了你的时间,但是这绝非我们的本意,我们对巴西的交通状况了解不足,所以导致了这个不愉快的结果,我希望我们不要再为这个无所谓的问题耽误宝贵的时间了,如果因为这件事怀疑到我们合作的诚意,那么,我们只好结束这次谈判。我认为,我们所提出的优惠代理条件是不会在巴西找不到合作伙伴的。"德国代表的一席话说得巴西代理商哑口无言,巴西人也不想失去这次赚钱的机会,于是谈判顺利地进行下去。

5. 挑剔式开局策略

挑剔式开局策略是指开局时对对手的某项错误或礼仪失误严加指责,使其感到内疚,从而达到营造低调气氛、迫使对方让步的目的。

(二) 谈判磋商阶段的策略

1. 投石问路策略

投石问路策略是指谈判过程中,一方提出一些假设条件以探测对方意向,希望通过不断地询问,来直接了解从对方那里不容易获得的诸如成本、价格等方面的尽可能多的资料,以此来摸清对方的虚实,掌握对方的心理,以便抓住有利时机达成交易的一种策略。

相关链接3

北京市皇家制鞋厂是一家专门生产出口地毯鞋的厂家。2012年3月份,因扩大生产规模需要欲购买100台缝纫机。

一开始,该厂就一起邀请了三家规模比较大的合格供应商,并约在同一天进行首次谈判。在谈判之前皇家制鞋厂带领厂家的销售人员参观了新的厂房,告知一楼、二楼、三楼分别要购置100台,合计300台缝纫机。参观结束之后,安排三家供应商代表分别对自己的产品和报价进行了介绍。因为存在竞争对手,购买的数量又比较多,所以三家供应商的初次报价都比较合理。经过比较和筛选,选择了常熟工业缝纫机厂有限公司作为重点谈判对象。

一周后,皇家制鞋厂邀请对方再次来厂谈判。对方在300台数量的诱惑和竞争压力下,价格在初次报价3680元的基础上又下降了280元,之后就不肯再让步了。下午续谈时,皇家制鞋厂谈判代表告诉对方,厂长认为每台3400元的价格过高,资金无法一次性到位,按照现在的价格最多只能买200

台。就算200台也要70万元左右，需要三个合伙人协商好资金问题后才能同意。同时希望对方能够每台再让步100元，以减轻财务上的压力。对方说他们从没有卖过这么低的价格，需要回去向领导请示汇报。三天后，对方来电说每台最多可以再便宜60元。皇家制鞋厂谈判代表说感谢对方的让步，这是一个好消息，他马上告诉厂长。第二天，皇家制鞋厂打电话给对方，经三个合伙人协商，认为3340元的价格可以接受。但是因为资金暂时有点紧张，一下子无法拿出这么多现金，希望能采取分期付款的方式支付，首次支付30%的货款。对方说分期付款从无先例，绝对不行。于是皇家制鞋厂表示，既然对方支付方式上有所顾虑，不同意分期支付，只好先买100台，可以在调试安装好之后全额支付。如果同意的话，可以过来谈判签约事宜。如果不能同意，我们只能考虑别的选择。第二天，该厂家销售人员就过来签订了成交合同。

2. 沉默寡言策略

沉默寡言策略是谈判中最有效的防御策略之一，其含义是：在谈判中先不开口，让对方尽情表演，以此暴露其真实的动机和最低的谈判目标，然后根据对方的动机和目标并结合己方的意图采取有针对性的回答。

相关链接4

在一次商业谈判中，法国商人向我方商人展示了一个产品。刚开始时，法国公司的谈判人员介绍自己公司的产品，利用了一切可能利用到的资源和形式，包括各种图表以及报表，并且用三个投影机将最主要的信息打在屏幕上，图文并茂、形象生动。法国公司的介绍持续了将近三个小时。在此期间，我方公司的代表却一言不发，十分安静地看着法国公司进行展示。

等全部介绍结束以后，法国公司的代表充满期待地问我方代表："你们认为如何？"我方公司的代表礼貌地笑了笑，微笑着回答道："我们不明白。"当时法国公司的代表就接近崩溃了："不明白是什么意思？为什么不明白？"我方公司的代表继续淡定地说："这一切我们都不明白。能麻烦你们重新展示一遍，好吗？"

法国公司的代表一下子就慌了，于是在谈判中落了下风，价格也被我方公司压到了最低。

3. 声东击西策略

己方为达到某种目的和需要，有意识地将洽谈的议题引导到无关紧要的问题上，从而给对方造成一种错觉，使其做出错误的或违反事实本来面目的判断。

相关链接 5

一名业务员手中有一位专卖店客户，长期以来，该业务员给这位客户提供的货物是产品 A，结果有一天，专卖店老板打电话过来告诉业务员：有几个客户订购了产品 B，希望三天内提供过来。这位业务员犯难了，因为产品 B 并不是公司主推的，而且没有备货，如果现在提货的话，最快也需要一个礼拜才能到仓库。所以该业务员与专卖店老板进行沟通，希望能够更换成产品 A，虽然产品型号不同，但是大小、尺寸、功能、效果都没有差别，只是外观略有不同。该专卖店老板面带愠色，说是顾客定下来的，难以更改，不知道顾客会不会接受。这位专卖店老板接二连三地给业务员打电话，业务员也如同热锅上的蚂蚁一样急得团团转，不知道该如何处理。到了第三天，这位专卖店老板给业务员打电话说：经过艰难沟通，顾客说可以试试产品 A，但是一定要求产品 A 价格降低 100 元才肯同意，因此，要求业务员进行降价。该名业务员也是刚入行不久，匆忙间答应了专卖店老板的要求。待到售后师傅上门安装的时候，不经意间提起了更换产品的事情，顾客竟然说毫不知情。仔细想一下，该名店老板也是隐藏在民间的谈判高手，声东击西技巧运用得恰到好处，时间把控得精确到位。

4. 欲擒故纵策略

对于志在必得的交易谈判，故意通过各种措施，让对方感到自己是满不在乎的态度，从而压制对手开价，确保己方成功。

5. 以退为进策略

先让一步，顺从对方，然后争取主动、反守为攻的策略。

6. 红白脸策略

商务谈判中，所谓的红白脸策略，也被称为演双簧。当谈判的气氛明显充满敌意时，对方因为坚持自己的观点和利益，死守一点也不肯让步时，己方的"白脸人"出场，与对方针锋相对，互不相让，把气氛搞得十分紧张。

而其余的成员则一言不发或不知所措。然后看准时机"红脸人"出场，妥协让步，缓和气氛。

相关链接6

周黑鸭品牌即将进驻沃尔玛，正在与沃尔玛洽谈店铺地点、面积及租金问题。双方一番寒暄示好后，周黑鸭食品有限公司谈判代表阐述了周黑鸭进驻沃尔玛之后带来的一系列好处，例如：沃尔玛品牌在武汉人心中的品牌观念还没树立起来，与家乐福等连锁超市存在很大的竞争压力，而周黑鸭品牌在武汉的口碑已经树立起来，周黑鸭品牌的入驻，可以帮助沃尔玛超市增加人流量，自然也能在一定程度上增加销售额。另外，周黑鸭品牌在宣传自身品牌的时候也不自觉地帮助沃尔玛宣传，一方面可以帮沃尔玛公司节省广告支出，另一方面这样的宣传也达到了双方互惠互利的效果。

周黑鸭食品有限公司财务总监一直介绍周黑鸭品牌对沃尔玛的好处，以此来降低价格。但沃尔玛公司就对方公司提出的价格不满意，双方一直未达成一致意见。周黑鸭公司财务总监一直不肯松口，沃尔玛公司又不肯做出让步，双方僵持不下，沃尔玛公司总经理几度起身欲走。这时，周黑鸭老板周富裕出来圆场，对对方公司进行一番肯定的评价之后，表示可以稍微做出让步，沃尔玛总经理与同行人员一番商讨之后，勉为其难地接受了周老板的价格。此后周黑鸭成功进驻沃尔玛。

7. 最后通牒策略

当谈判双方因某些问题纠缠不休时，其中处于有利地位的一方向对方提出最后交易条件，包括两种情况：一是利用最后期限，也称"死线"；二是以强硬的口头或书面语言向对方提出最后一次必须回答的条件，否则取消谈判。

相关链接7

2014年3月12日，阿里巴巴执行副主席蔡崇信在接受路透社专访时表示，绝不会为了在香港IPO而改变合伙人制度。2014年3月13日，据《金融时报》引述一位接近阿里巴巴的人士称，阿里已聘请瑞信和大摩两家投行做上市顾问，IPO很可能在今年三季度完成。通过这种"最终通牒"式喊话可以看出，阿里巴巴正在对港交所做最后的争取，否则将前往美国上市。

最终结果显而易见，"最后通牒"式的谈判喊话无效，阿里巴巴与港交所谈判破裂，阿里巴巴最终选择在美国上市，创造最牛 IPO 神话。阿里巴巴在谈判的最后使用了"最后通牒"策略，给予港交所压力，亮出自己的底牌，说明自己上市的地点是在美国、香港中二选一，但港交所却没有为之所动，最终谈判破裂。

（三）谈判结束策略

1. 结束阶段的标志

一般来说谈判进入结束阶段，往往有以下两个明显标志：达到谈判的基本目标、出现了交易信号。

2. 促成缔约的策略

（1）期限策略

限定缔约的最后时间，促使对方在规定期限内完成协议缔结。

（2）最终出价策略

最后出价，不急表态；最后让步，小于前次；最后一次，也有条件。

3. 谈判的收尾工作

（1）谈判破裂的收尾

正确对待谈判破裂，把握最后可能出现的转机。

（2）谈判成交的收尾

善始善终，做好谈判记录的整理和协议签订工作。

职场演练

价格让步模式训练

演练目标：掌握谈判中的价格让步策略。

演练内容：让学生以两个学习小组为一组，组成一个谈判队伍，分别扮演购销双方，就购买某一标的物进行价格磋商，其总价为 300 万元，供方底价为 240 万元，让价 60 万元，共分 4 次让步。通过谈判分析，怎样的让步最为合理？

让步方式如下表：

让步型态	一期让步	二期让步	三期让步	最后让步
1	0	0	0	60
2	15	15	15	15
3	8	13	17	22
4	22	17	13	8
5	30	20	−5	15
6	60	0	0	0

0，0，0，60 强硬型的让步方式，开始给人立场坚定、态度强硬、缺乏合作和成交的诚意之感，最后让步一次到位，先苦后甜，又必然会使对方兴高采烈，但风险高。

15，15，15，15 均值型的让步方式，使让步细水长流，均匀地满足对方的要求和需要，并获取对方的好感。但是必须让对方意识到最后的让步已经降到最低，否则它将鼓励对方争取进一步的让步。

8，13，17，22 刺激型的让步方式，让步幅度呈递增型。但是会刺激对方要求进一步让步，而且胃口可能越来越大，使对方感到有期望。

22，17，13，8 希望型的让步方式，让步的步幅呈下降型，显示出让步方的立场越来越强硬。但由于最后的让步数额依然不少，这会使对方存有希望进一步施加压力。

30，20，−5，15 虚伪型的让步方式，前两次表现出极大的热情，第三次却称成本或其他计算有误提高报价，使气氛紧张，第四次又纠正错误，给对方一个小小的让步，可能使对方得到一点安抚。

60，0，0，0 坦诚型的让步方式，一开始便把所有的让步幅度给了对方，用意是为了谋求尽快达成协议，但这也会使对方怀疑你是否真的坦诚，会更猛烈地发起攻击，逼迫你再作让步。

演练总结：哪种让步方式最为合理？

能力测试

谈判能力测试

测试题目：

1. 你认为商务谈判（   ）。

   A. 是一种意志的较量，谈判双方一定有输有赢

   B. 是一种立场的坚持，谁坚持到底，谁就获利多

   C. 是一种妥协的过程，双方各让一步一定会海阔天空

   D. 是双方的关系重于利益，只要双方关系友好必然带来理想的谈判结果

   E. 是双方妥协和利益得到实现的过程，以客观标准达成协议可得到双赢结果

2. 在签订合同前，谈判代表认为合作条件很苛刻，按此条件自己无权做主，还要通过上司批准。此时你应该（   ）。

   A. 责怪对方谈判代表没有权做主就应该早声明，以致浪费这么多时间

   B. 询问对方上司批准合同的可能性，在最后决策者拍板前要留有让步余地

   C. 提出要见决策者，重新安排谈判

   D. 与对方谈判代表先签订合作意向书，取得初步的谈判成果

   E. 进一步给出让步，达到对方谈判代表有权做主的条件

3. 为得到更多的让步，或是为了掌握更多的信息，对方提出一些假设性的需求或问题，目的在于摸清底牌，此时你应该（   ）。

   A. 按照对方假设性的需求和问题诚实回答

   B. 对于各种假设性的需求和问题不予理会

   C. 指出对方的需求和问题不真实

   D. 了解对方的真实需求和问题，有针对性地给予同样假设性答复

   E. 窥视对方真正的需求和兴趣，不要给予清晰的答案，并可将计就计促成交易

4. 谈判对方提出几家竞争对手的情况并向你施压，说你的价格太高，要求你给出更多的让步，你应该（   ）。

A. 更多地了解竞争状况，坚持原有的合作条件，不要轻易让步

B. 强调自己的价格是最合理的

C. 为了争取合作，以对方提出竞争对手最优惠的价格条件成交

D. 询问对方，既然竞争对手的价格如此优惠，为什么不与他们合作

E. 提出竞争事实，说明对方提出的竞争对手情况不真实

5. 当对方提出如果这次谈判你能给予优惠条件，保证下次给你更大的生意时，你应该（　　）。

A. 按对方的合作要求给予适当的优惠条件

B. 为了双方的长期合作，得到更大的生意，按照对方要求的优惠条件成交

C. 了解买主的人格，不要以"未来的承诺"来牺牲"现在的利益"，可以其人之道还治其人之身

D. 要求对方将下次生意的具体情况进行说明，以确定是否给予对方优惠条件

E. 坚持原有的合作条件，对对方所提出的下次合作不予理会

6. 谈判对方有诚意购买你整体方案的产品（服务），但苦于财力不足，不能完整成交，此时你应该（　　）。

A. 要对方购买部分产品（服务），成交多少算多少

B. 指出如果不能购买整体方案，就以后再谈

C. 要求对方借钱购买整体方案

D. 如果有可能，可协助对方贷款或改变整体方案，改变方案时要注意相应条件的调整

E. 先把整体方案的产品（服务）卖给对方，对方有多少钱先给多少钱，所欠之钱以后再说

7. 对方在达成协议前，将许多附加条件依次提出，要求得到你更大的让步，此时你应该（　　）。

A. 强调你已经做出的让步，强调"双赢"，尽快促成交易

B. 对对方提出的附加条件不予考虑，坚持原有的合作条件

C. 针锋相对，对对方提出的附加条件提出相应的附加条件

D. 不与这种"得寸进尺"的谈判对手合作

E. 运用推销证明的方法，将已有的合作伙伴情况介绍给对方

8. 在谈判过程中，对方总是改变自己的方案、观点、条件，使谈判无休止地拖下去，你应该（　　）。

A. 以其人之道还治其人之身，用同样的方法与对方周旋

B. 设法弄清楚对方的期限要求，提出己方的最后期限

C. 节省自己的时间和精力，不与这种对象合作

D. 采用休会策略，等对方真正有需求时再和对方谈判

E. 采用"价格陷阱"策略，说明如果现在不成交，以后将会涨价

9. 在谈判中双方因某一个问题陷入僵局，此时你应该（　　）。

A. 跳出僵局，用让步的方法满足对方的条件

B. 放弃立场，强调双方的共同利益

C. 坚持立场，要想获得更多的利益就得坚持原有谈判条件不变

D. 采用先休会的方法，会后转换思考角度，并提出多种选择以消除僵局

E. 采用先更换谈判人员的方法，重新开始谈判

10. 除非你满足对方的条件，否则对方将转向其他的合作伙伴，并与你断绝一切生意往来，此时你应该（　　）。

A. 从立场中脱离出来，强调共同的利益，要求平等机会，不要被威胁吓倒而做出不情愿的让步

B. 以牙还牙，去寻找新的合作伙伴

C. 给出可供选择的多种方案以达到合作的目的

D. 摆事实，讲道理，同时也给出合作的目的

E. 通过有影响力的第三者进行调停，赢得合理的条件

答案与结论分析：

1. A. 2分，B. 3分，C. 7分，D. 6分，E. 10分

2. A. 2分，B. 10分，C. 7分，D. 6分，E. 5分

3. A. 4分，B. 3分，C. 6分，D. 7分，E. 10分

4. A. 10分，B. 6分，C. 5分，D. 2分，E. 8分

5. A. 4分，B. 2分，C. 10分，D. 6分，E. 5分

6. A. 6分，B. 2分，C. 6分，D. 10分，E. 3分

7. A. 10分，B. 4分，C. 8分，D. 2分，E. 7分

8. A. 4分，B. 10分，C. 3分， D. 6分，E. 7分
9. A. 4分，B. 6分，C. 2分，D. 10分，E. 7分
10. A. 10分，B. 2分，C. 6分，D. 6分，E. 7分

你的得分：95分以上，你是谈判专家；90~95分，你是谈判高手；80~89分，你有一定的谈判能力；70~79分，你具有一定的潜质；69分及以下，谈判能力不合格，需要继续努力。

第三单元

非语言沟通助推职业成功

在人们的日常生活、工作、学习中往往会发现，某些时候，非言语沟通这种交流方式可以起到普通语言文字所无法达到的效果和作用。据研究，在沟通中，55%的信息是通过面部表情、形体姿态和手势传递的。

非语言沟通在交际活动中的作用非常大，它能使有声语言表达得更生动、更形象，也能更真实地体现传递者的心理活动状态。另外，许多有声语言所不能传递的信息，通过非语言沟通却可以有效地传递。

第一章 动作语言

动作语言又称肢体语言（或身体语言），经由身体的各种动作，从而代替语言以达到表情达意的沟通目的。广义上来说，肢体语言也包括前述之面部表情在内；狭义上，肢体语言只包括身体与四肢所表达的意义。一个人要向外界传达完整的信息，单纯的语言成分只占7%，声调占38%，另外55%的信息都需要由非语言的体态来传达，而且因为动作语言通常是一个人下意识的举动，所以很少具有欺骗性。

一、身体动作

身体动作主要指人们的躯体、四肢的动作，包括手部、头部、肩部以及腿部等。通过对身体动作的分析，可以判断人的心理活动或心理状态。

1. 手的动作

手的动作是身体动作中最重要也最明显的部分，不同的手势有不同的含义。

（1）手指

大拇指伸出表示赞颂、钦佩、夸奖、第一等。例如"我们单位的老张真了不起！"食指伸出表示指点事物的数目和方向，也可以是批评、指责、命令等。例如"你为什么要这样做？"小拇指伸出表示卑下、低劣、无足轻重等。例如"别看你长得人高马大，但做起事来是这个。"

拇指和食指做成一个圆形，其他三只伸直，构成"OK"，它的意思是

"好"；拇指与食指、中指相擒，则是一种"谈钱"的手势；分开食指和中指做成"V"字形，并将手掌朝向他人时，则意味着"胜利"；把食指垂直放在嘴边意味着"嘘"等。

五指张开招手表示招呼，左右摇摆表示拒绝。十指交叉表示自信或对对方感兴趣。

(2) 手掌

手心向上，胳膊伸向上方或斜前方表示激越，大声疾呼，发出号召，憧憬未来。例如"只要大家团结一心，共同努力，我们的明天一定会更美好！"

手掌手心向下，居身体的下区，胳膊微曲或斜劈下去，表示神秘、压抑、反对、制止、不愿意、不喜欢等。例如"这种不文明的行为，要坚决制止！"

两手由合而分，表示空虚、失望、消极等。例如"一个人如果没有远大理想，那他将一事无成。"

两手由分而合，表示团结、亲密、联合、会面、接洽等。例如"我们要团结起来，把这项工作做好。"

在身体上区紧握拳头，表示誓死捍卫、决心、团结、奋斗等。例如"人生需要目标，需要奋斗。"

在身体中区握紧拳头，表示怒火在燃烧而又强忍或警告、威胁的意思。例如"好小子，总有一天我会让你知道我的厉害。"

(3) 搓手

冬天搓手掌，是预防寒冷。平时搓手掌，正如成语"摩拳擦掌"所形容的跃跃欲试的心态，是表示对某一事情的期待心情。

(4) 背手

站立或走路时，双臂背在背后并用一只手握住另一只手，表示一种优越或自信。背手还可以起到镇定作用，双臂背身后，表示出自己的胆略。若双臂背身后，是一只手握另一手的腕、肘、臂，则表示一种不安、沮丧，并竭力进行自我控制，暗示了当事者心绪不宁的被动状态。

(5) 双手搂头

将双手搂在脑后，是暗示拥有权力的手势。若双手支撑脑袋，双目凝视，这是脑力劳动者惯用的一种帮助思考的手势。

(6) 手臂

双臂交叉于胸前，暗示一种拒绝、戒备、防御的态度；双臂张开表示热情友好；双手插裤兜表示冷淡或孤傲。

(7) 握手

握手是现代社会惯用的一种见面礼。正确的握手方法为伸出手时拇指向上，虎口张开互相接触，用其余四指包住对方手掌。握手时双目应注视对方，微笑致意或问好。

握手时双方伸手的先后次序大体包括如下几种情况：

一是年长者与年幼者握手，应由年长者首先伸出手；

二是长辈与晚辈握手，应由长辈首先伸出手；

三是老师与学生握手，应由老师首先伸出手；

四是女士与男士握手，应由女士首先伸出手；

五是已婚者与未婚者握手，应由已婚者首先伸出手；

六是社交场合的先至者与后来者握手，应由先至者首先伸出手；

七是上级与下级握手，应由上级首先伸出手；

八是职位、身份较高者与职位、身份较低者握手，应由职位、身份较高者首先伸出手。

若一个人需要与多人进行握手，则握手时亦讲究由尊到卑地进行。在公务、商务等正式场合，握手时伸手的先后次序取决于双方的职位、身份；而在社交、休闲场合，则主要取决于双方的年纪、性别、婚否。

在接待来访者时，则较为特殊：当客人抵达时，一般应由主人首先伸出手来与客人相握。而在客人告辞时，则应由客人首先伸出手来与主人相握。前者表示"欢迎"，后者则表示"再见"。倘若这一次序颠倒，则极易让人产生误解。

应当强调的是：上述握手时的先后次序可以用来律己，却不必用来处处苛求于人。如果当自己处于尊者之位，而位卑者抢先伸手要求相握时，最得体的做法还是应与之配合。若此刻过分拘泥于礼仪，对其视若不见、置之不理，令对方进退两难、当场出丑，也是失礼于对方的表现。

> **相关链接 1**

赫鲁晓夫是 20 世纪 50 年代后期到 60 年代初期的苏联领导人。在美国访问期间，他的言论和举止引起一些争议。引起争议的手势之一是，他紧握双手，举过头顶，在空中摇晃。他的意思显然是表示问候、表示友谊。但是，在场的人和电视观众对此并不欣赏。美国人很熟悉这个动作——这是拳击手击败对手后表示胜利的姿势。在此之前，赫鲁晓夫曾说过要埋葬美国资本主义的话，许多美国人认为，这种手势表示他好像已经取得胜利，洋洋得意，难怪许多人感到不快。

2. 头部动作

头部动作也是运用较多的身体语言，而且头部动作所表示的含义十分细腻，需根据头部动作的程度并结合具体的条件来对头部动作传递的信息进行判断。

（1）点头

点头这一动作可以表示多种含义，有表示承认、赞成、肯定、理解的意思，也可以表示事先约好的特定暗号。在某些场合，点头还表示礼貌、问候，是一种优雅的社交动作语言。

（2）摇头

摇头一般表示拒绝、否定的意思。在特定的背景下，轻微的摇头还带有沉思的含义和不可以、不行的暗示。

（3）偏头

偏头可以表示诧异、犹豫、不解；另外，头朝对方略微侧转表示注意。

（4）低头

低头可表示顺从、深思、娇羞。

（5）垂头

垂头可表示无奈、沮丧、回避。

> **相关链接 2**

有一天，来自英国的保罗在新德里某商店闲逛，顺手拿起架上的手工香皂问店员："这真的是纯手工制造的天然香皂吗？"只见店员微笑地摇头晃脑。

保罗说："既然不是，为何香皂上却标示是'纯手工天然香皂'呢？"店员又微笑地摇头晃脑说，"是啊，这是天然纯手工制的香皂。"保罗皱着眉头说："可是你刚刚不是摇头说不是了吗？"这样的场景，经常在外国人与印度人的接触中发生。

印度会发展出这样不知道"是"还是"不是"的摇头晃脑，是因为在印度古代统治阶层的高压下，人民一般不敢公开说"不"。因此，不敢说"不"的印度人，把头歪着倒向一边，接着又把头歪着倒向另一边，不是点头，也不算摇头，意思是说："是或不是，反正由你看着办决定吧！"经过长时间演变，印度人际交往发展出几种摇头晃脑的肢体语言，双方可彼此准确了解对方的意图，但又不伤害彼此感情。

3. 肩的动作

耸肩膀这一动作外国人使用较普遍。由于受到惊吓，一个人会紧张得耸肩膀，这是一种生理上的动作。另外，耸肩膀还表示"随便你""无可奈何""不理解""放弃"等含义。

二、身体姿势

身体姿势是交流过程中一个重要的信息源，一个人的身体姿势能够表达出他是否有信心。据统计，一个能够灵活运用各种身体语言的人比一个不用身体语言的人更容易传达信息，要达到同样的交流效果，运用身体姿势可以帮助你少说10%的话。更重要的是，身体语言可以提高你的说服力，增加你获得成功的可能性。具体可以通过走姿、站姿、坐姿表现出来。

1. 走姿

一个人的走姿最能体现他是否有信心。

简单来说，正确的走姿主要有三个要点：从容、平稳、直线。

正确的走姿应当身体直立，收腹直腰，两眼平视前方，双臂放松，在身体两侧自然摆动，脚尖微向外或向正前方伸出，跨步均匀，两脚之间相距约一只脚到一只半脚，步伐稳健，步履自然，要有节奏感。起步时，身体微向前倾，身体重心落于前脚掌，行走中身体的重心要随着移动的脚步不断向前过渡，而不要让重心停留在后脚，并注意在前脚着地和后脚离地时伸直膝部。

步幅的大小应根据身高、着装与场合的不同而有所调整。女性在穿裙装、旗袍或高跟鞋时，步幅应小一些；相反，穿休闲长裤时步伐就可以大些，凸显穿着者的靓丽与活泼。

正确的走姿要轻、灵、巧。女士要轻盈、优雅，男士要稳定、矫健。

2. 站姿

优雅的站姿是动态美的起点，是最引人注意的姿态。

最基本的站姿要求上半身挺胸、立腰、收腹、精神饱满，双肩平齐、舒展，双臂自然下垂，双手放在身体两侧，头正，两眼平视，嘴微闭，下颌微收，面带笑容；下半身双腿应靠拢，两腿关节与髋关节展直，双脚呈"V"字型，身体重心落在两脚中间。这一般用于较为正式的场合，如参加企业的重要庆典、聆听贵宾的讲话、商务谈判后的合影等。

女士可在基本站姿的基础上，双手搭握，稍向上提，放于小腹前。双脚也可以前后略分开：一只脚略前，一只脚略后，前脚的脚跟稍稍向后脚的脚背处靠拢。男士有时也可以采用这种姿态，但两脚要略微分开，与肩同宽。这可用于迎客礼仪，也可用于前台的站立服务。

站立时不要过于随便，驼背、塌腰、耸肩、两眼左右斜视、双腿弯曲或不停颤抖，以免影响站姿的美观。站着与别人谈话时，要面向对方，保持一定距离，太远或太近（特别是对异性）都不礼貌。姿势要站正，上身可以稍稍前倾，以示谦恭。

3. 坐姿

正确规范的礼仪坐姿要求端庄而优美，给人以文雅、稳重、自然大方的美感，应上身挺直，收腹，下颌微收，双腿并拢。

（1）入座时要轻、稳、缓

走到座位前，转身后轻稳地坐下。如果椅子位置不合适，需要挪动椅子的位置，应当先把椅子移至欲就座处，然后入座。坐在椅子上移动位置，有违社交礼仪。

（2）神态从容自如（嘴唇微闭，下颌微收，面容平和自然）。

（3）双肩平正放松，两臂自然弯曲放在腿上，亦可放在椅子或是沙发扶手上，以自然得体为宜，掌心向下。

（4）坐在椅子上，要立腰、挺胸，上体自然挺直。

（5）双膝自然并拢，双腿正放或侧放，双脚并拢或交叠或成小"V"字型。男士两膝间可分开一拳左右的距离,脚态可取小八字步或稍分开以显自然洒脱之美,但不可尽情打开腿脚,那样会显得粗俗和傲慢。如长时间端坐,可双腿交叉重叠,但要注意将上面的腿向回收,脚尖向下。

(6) 坐在椅子上,应至少坐满椅子的三分之二,宽座沙发则至少坐一半。落座后至少 10 分钟左右时间不要靠椅背。时间久了,可轻靠椅背。

(7) 谈话时应根据交谈者方位,将上体双膝侧转向交谈者,上身仍保持挺直,不要出现自卑、恭维、讨好的姿态。讲究礼仪要尊重别人但不能失去自尊。

(8) 离座时要自然稳当,右脚向后收半步,而后站起。

(9) 女子入座时,若是裙装,应用手将裙子稍稍拢一下,不要坐下后再拉拽衣裙,那样不优雅。正式场合时,一般从椅子的左边入座,离座时也要从椅子左边离开,这是一种礼貌。女士入座尤要娴雅、文静、柔美,两腿并拢,双脚同时向左或向右放,两手叠放于左右腿上。如长时间端坐可将两腿交叉重叠,但要注意上面的腿向回收,脚尖向下,以给人高贵、大方之感。

(10) 男士、女士需要侧坐时,应当将上身与腿同时转向同一侧,但头部保持向着前方。

(11) 作为女士,坐姿的选择还要根据椅子的高低以及有无扶手和靠背,两手、两腿、两脚还可有多种摆法,但两腿叉开或成四字形的叠腿方式是很不合适的。

(12) 在餐厅就餐时,最得体的入座方式是从左侧入座。当椅子被拉开后,身体在几乎碰到桌子的距离站直,领位者会把椅子推进来,腿弯碰到后面的椅子时,就可以坐下来了。就座后,坐姿应端正,上身可以轻靠椅背。不要用手托腮或双臂肘放在桌上。不要频频离席或挪动座椅。用餐时,上臂和背部要靠到椅背,腹部和桌子保持约一个拳头的距离。最好避免两脚交叉的坐姿。

(13) 穿牛仔裤入座时,首先身体侧坐,一脚支撑身体的重量,另一脚的脚踝靠在这脚的脚尖上。也可以采取盘坐的方式,两脚交叉盘坐,脚尖朝上,两手自然地摆在膝盖上。如果坐沙发椅,就可不必太拘束,顺其自然地坐着,保持优雅的坐姿即可。

就座后,坐姿应端正,但不僵硬。不要用手托腮或双臂肘放在桌上。不要随意摆弄餐具和餐巾,要避免一些不合礼仪的举止体态,例如随意脱下上衣,摘掉领带,卷起衣袖;说话时比比划划,或挪动座椅;头枕椅背打哈欠,伸懒腰,揉眼睛,搔头发等。

相关链接3

杨澜在采访韩国前总统朴槿惠时,在整个采访过程中,一直保持坐姿端正,没有过多的手势,整个过程礼貌、严谨;在采访百度创始人李彦宏时,杨澜时而背靠沙发,时而倚在沙发扶手上交谈,交谈过程中,经常有点头以及偏头的一些动作,手中拿有一些文字资料,并辅以一定的手势,使整个过程轻松、愉悦。

杨澜的坐姿端正是因为采访对象是韩国总统,对方的社会地位以及形象使得坐姿端正是最起码的礼貌与尊重;而与李彦宏的交谈则像朋友生活中的交谈状态,肢体语言的放松能够使嘉宾尽快地进入聊天状态,从而打开话题。

三、面部表情

面部表情语言主要是通过面部器官的动作、姿态所表现的信息,表现为眼、眉、嘴、鼻、面部肌肉的变化。美国学者巴克经过研究发现,光是人的脸,就能做出大约25万种不同的表情。面部表情可以分为八类:感兴趣或兴奋;高兴或喜欢;惊奇或惊讶;伤心或痛苦;害怕或恐惧;害羞或羞辱;轻蔑或厌恶;生气或愤怒。我们在日常生活中时时都在使用面部表情这一身体语言,面部表情对于有效沟通起着重要作用。

1. 眼睛

目光接触是人际间最能传神的非语言交往。

眼睛通常是情感的第一个自发表达者,透过眼睛可以看出一个人是欢乐还是忧伤,是烦恼还是悠闲,是厌恶还是喜欢。从眼神中有时可以判断一个人的内心是坦然还是心虚,是诚恳还是伪善:正眼视人,显得坦诚;躲避视线,显得心虚;斜着眼,显得轻佻。眼睛的瞳孔可以反映人的心理变化:当人看到有趣的或者心中喜爱的东西时,瞳孔就会扩大;而看到不喜欢的或者厌恶的东西,瞳孔就会缩小。目光可以委婉、含蓄、丰富地表达爱抚或推却、允诺或拒绝、央求或强制、讯问或回答、谴责或赞许、讥讽或同情、企盼或焦虑、厌恶或亲昵等复杂的思想和愿望。眼泪能够恰当地表达人的许多情感，如悲痛、欢乐、委屈、思念、温柔、依赖等。

2. 眉

俗话说"眉目传情"，眉间的肌肉皱纹能够表达人的情感变化。柳眉倒竖表示愤怒，横眉冷对表示敌意，挤眉弄眼表示戏谑，低眉顺眼表示顺从，扬眉吐气表示畅快，眉头舒展表示宽慰，喜上眉梢表示愉悦。

3. 嘴

嘴部表情主要体现在口形变化上。伤心时嘴角下撇，欢快时嘴角提升，委屈时撅起嘴巴，惊讶时张口结舌，愤恨时咬牙切齿，忍受痛苦时咬住下唇。

4. 鼻

厌恶时耸起鼻子，轻蔑时嗤之以鼻，愤怒时鼻孔张大、鼻翼抖动，紧张时鼻腔收缩、屏息敛气。

5. 面部

面部肌肉松弛表明心情愉快、轻松、舒畅，肌肉紧张表明痛苦、严峻、严肃。

微笑是面部最美的语言。在人际交往中，微微一笑，虽然无声，但是它说出如下意思：友好、高兴、同意、尊敬、欢迎等。把微笑运用到日常工作中去，会给我们带来意想不到的成功。

（1）要自然地微笑

发自内心的微笑才能够笑得自然、笑得亲切、笑得美好得体。

（2）要笑得真诚

真诚的微笑会让对方内心产生温暖，加深对方的好感。

（3）要在合适的场合微笑

微笑要分场合，否则就会适得其反。

相关链接 4

在世界小姐或环球小姐竞选中，每一位参赛者都会故意做出一些事先准备好的肢体动作，从而为自己营造一种真诚而热情的气质，给评委和观众留下深刻的印象，最终获得较高的评分。然而，即使是接受过专业训练的参赛者，利用虚假的肢体语言蒙蔽评委和观众的时间也不会很长。因为，时间一长，其他的那些肢体信号就会暴露出许多与有意识的假动作相矛盾的信息。为了争取投票者的信任，许多政治家们都十分善于利用虚假的肢体语言，堪称这方面的专家。而那些成功地利用虚假的肢体语言赢得大众信任和好评的政治家们，则通常会被人们认为具有某种神奇的"感召力"。

四、避免不当的行为举止

日常举止是优美仪态的一个重要组成部分，端庄的举止、文明的行为体现在日常生活中的方方面面，社交中也要求人们的举止有一定的约束。一个人的举止端庄、行为文明、动作规范，是良好素养的表现，它能帮助个人树立美好形象，也能为组织赢得美誉，反之，则会损害组织形象。不受欢迎的坏习惯和不当的行为举止应该努力戒除。

（一）打哈欠

当你在与人谈话的时候，尤其是当对方在滔滔不绝地发表意见时，那时你也许感到疲倦了，这时要按捺住性子让自己不打哈欠，因为这会引起交际对象的不快。打哈欠在社交场合中给人的印象是：你不耐烦了，而不是你疲倦了。

（二）掏耳和挖鼻

大家正在喝茶、吃东西的时候，掏耳的小动作往往令旁观者感到恶心，这个小动作实在不雅，而且失礼。即使你想"洗耳恭听"，此时此地也不是合适时机。同样，用手指挖鼻也是非常失礼的动作。

（三）剔牙

宴会上，谁也免不了有剔牙的小动作，既然这小动作不能避免，就得注意剔牙时不要露出牙齿，而且不要把碎屑乱吐一番，最好用左手掩嘴，头略向侧偏，吐出碎屑时用纸巾接住。

（四）搔头皮

有些头皮屑多的人，在社交的场合也忍耐不住头皮屑刺激的搔痒而搔起头皮。搔头皮必然使头皮屑随风纷飞，这不仅难看，而且令旁人大感不快。搔头皮这种现象在社交场合是非常失礼的，特别是在宴会上，或者较为严肃、庄重的场合，这种情况下很难叫人谅解。

（五）双腿抖动

这种小动作多发生在坐着的时候，站立时较为少见。虽然无伤大雅，但双腿颤动不停会令对方觉得不舒服，而且也给人情绪不安定的感觉，这也是失礼的。同样，让跷起的腿钟摆似的打秋千也是相当难看的姿态。

（六）频频看表

在与人交谈时，如果无其他重要约会，最好少看自己的手表。这样的小动作会使对方认为你还有什么重要的事情，不会使谈话继续下去；同时，你的这种小动作可能引起对方的误会，认为你没有耐心再谈下去。如果你确实有事的话，不妨婉转地告诉对方改日再谈，并表示歉意。

职场演练1

身体语言训练一

演练目标：能使用身体语言沟通。

演练要求：每一组由8~10人组成，每一组排成一字形，第一位组员抽出主持手中的游戏卡，上面写有数字、成语、物品等。第一位组员看完后就用自己的身体语言，把游戏卡的内容表达给下一位组员，在这一过程中，其他组员要闭上眼睛背对他们，轮到自己的时候才可以睁开眼。第二位领悟后传给第三位，如此类推，传到最后一位时必须大声讲出答案，与游戏卡接近或比较接近的一组为胜出组。

注意：活动过程中不可以交谈，台下的观众不可以发出任何声音提示。

活动总结：

1. 如此沟通的最大障碍是什么？怎样克服？
2. 个人畅谈沟通体会，教师总评，评选出最佳沟通者。

职场演练2

身体语言训练二

演练目标：非语言沟通的角色扮演练习。

演练内容：分小组进行角色扮演，期间只能使用身体语言而不能说话。

选择一个场景和一些角色，由组员们即兴创作其他内容，表演不要超出情景设置。观众们根据日常的非语言信息的经验来猜测或推测表演的内容。

演练要求：

1. 将学生分为 2 人一组，让他们进行 2~3 分钟的交流，交谈的内容不限。

2. 当大家停下以后，请学生们彼此说一下对方有什么非语言表现，包括身体语言或表情。

3. 让大家继续讨论 2~3 分钟，但这次注意不要有任何身体语言，看看与前次有什么不同。

演练总结：

1. 在第一次交流中，有多少人注意到了自己的身体语言？

2. 对方有没有什么动作或表情让你觉得极不舒服，你是否告诉了他你的这种情绪？

3. 当你不能用你的动作或表情辅助你的谈话时，有什么样的感觉？是否会觉得不舒服？

4. 个人畅谈沟通体会，教师总评，评选出最佳沟通者。

第二章 副语言沟通

副语言也称辅助语言，它包括发声系统的各个要素：音质、音高、音调、讲话的速度、语气等。副语言沟通是通过非语词的声音信号如重音、声调的变化，以及哭、笑、停顿来实现的。一句话的含义不仅取决于其字面意思，还取决于它的弦外之音。语音表达方式的变化，尤其是语调的变化，可以使字面相同的一句话具有完全不同的含义。

一、语速

人们说话的速度影响着听者对信息的接收和理解，语速通常在每分钟120~261个音节之间。研究发现，说话者使用较快的语速被视为是更有能力的表现。当然，如果说话语速太快，听者容易跟不上，其语言的清晰度也可能受到影响。

二、音调

音调指声音的高低，它决定了一种声音是否悦耳。有些人认为，高音没有低音悦耳，然而研究音调的人发现，如果说话者使用较高且有变化的音调，则被视为更有能力；用低音说话的人似乎是气量不足，可能被认为对所说的话没有把握或者害羞。但是，也有研究证明，当人们撒谎时会比平时的音调要高。

三、音量

音量即声音的响亮程度。说话者并不是不分场合地在任何时候都使用很大的音量就好，柔和的声音往往具有同样甚至更好的效果。

四、声音补白

这是在寻求要用的词时，用于填充句子或作掩饰的声音。像"啊""呀"

"这个""你知道"等这样的词或短语,都是表明停顿以及正在寻求准确词语的非语言方式。声音补白其实也是一种信号,事实上它能保护说话者讲话的权利,因为它有效地表明"不要打断,我仍在讲话"。但是声音补白如果不停地使用,或者它们已经分散听者的注意力了,那就会产生沟通问题。

五、音质

一个人的音质是由其他所有声音的特点,即速度、节奏、发音特征等构成的。声音质量是非常重要的,因为研究人员发现,声音具有吸引力的人更容易被人们认为有影响力、有能力和更为诚实。许多人对自己说话的声音没有一个明确的概念,当有人在录像中看到自己或听到自己的声音时,总是对自己听到的声音不甚满意。当然,声音是可以通过自己的努力和专业人员的帮助来改变的。

职场演练 1

副语言沟通训练一

演练目标:掌握副语言沟通技巧。

演练内容:语气训练。

演练要求:

1. 请你用不同的语气说"你来得真早!"
2. 你能把"一块钱"念得好像比"一万块"钱还多吗?

演练总结:个人畅谈训练体会,教师总评,评选出最佳表现者。

职场演练 2

副语言沟通训练二

演练目标:进一步把握副语言沟通。

演练内容:声音训练。

演练要求:

1. 练习使自己的声音自然悦耳,有节奏感。要有情感起伏、抑扬顿挫之感,每分钟达到120字。

2.练习使自己的声音铿锵有力,自信雄浑。

演练总结:个人畅谈训练体会,教师总评,评选出最佳表现者。

第三章　环境沟通

在非语言沟通中，人们还可以通过时间的安排、环境的布置、距离的保持等手段进行沟通。

一、时间

安排和运用时间的方式能透露一个人的性格和态度，传达一个人的沟通信息。

例如约会，如果对方约你 7 点见面，你会提前到达，除了表明你是一个守时践约的人，更体现了交往的诚意。如果你 8 点才到达，尽管你表示抱歉，也必然会使对方不悦，对方会认为你不尊重他，无形之中为沟通设下了障碍。再例如在参加面试的时候，如果部门经理延长了与面试者的谈话时间，那么他就以这种方式发出非语言信号，表明他对面试者感兴趣。相反，如果部门经理在刚刚开始的时候就试图匆匆结束面试，那很可能说明他对面试者不怎么感兴趣。

文化背景不同、社会地位不同的人的时间观念也有所不同。如德国人讲究准时、守时；应邀参加法国人的约会千万别提早到达，否则你会发现此时只有你一个人到场；美国人对准时赴约的要求近于苛刻；非洲一些国家的人却漫不经心。

相关链接 1

柳传志以"自律"在业界享有盛名。他就是以"管理自己"的方式感召他人。守信首先表现在他的守时上，柳传志本人在守时方面的表现让人惊叹。在 20 多年无数次的大小会议中，他迟到的次数大概不超过五次。有一次，他到中国人民大学去演讲，为了不迟到，他特意早到半个小时，在会场外坐在车里等待，开会前 10 分钟从车里出来，到会场时一分不差。几年前，温州商界邀请柳传志前往交流经验。当时，暴雨侵袭温州，柳传志搭乘的飞机迫降在上海，工作人员建议第二天早晨再乘机飞往温州，但他不同意，担心第二天飞机再延误会无法准时参会，因此，他找司机驾车连夜赶路，终于在第二天早六点左右赶到了温州。当柳传志红着眼睛出现在会场时，温州商界的企业家们激动得热泪盈眶。

二、空间与距离

有关空间与距离的研究，也称为空间关系学，它涉及使用周围空间的方式及坐或站时与他人保持的距离。

（一）空间位置

位置在沟通中所表示的最主要的信息就是身份。你去拜访一位客户，在他的办公室会谈，你坐在他的办公桌前面，表示他是主人，他拥有控制权，你是客人，你要照着他的安排去做。在开会时，积极地坐在最显眼位置的人，表明他希望向其他人显示自己的存在和重要性。宴请的位置也很讲究主宾之分，东道主坐在正中，面对上菜方向，他右侧的第一个位置为最重要的客人，他左侧的第一个位置留给第二重要的客人，其他客人、陪同人员以东道主为中心，按职务、辈分依次落座。由此可见，位置对于沟通双方的心理影响是非常明显的。

（二）距离

1. 亲密距离

亲密距离用于非常亲近的人，这种空间是从身体的接触，向外延伸约0.46米，多用于亲人、情侣或挚友之间。在商务活动和工作场所，很少使用这种距离。虽然某些时候，一个人与另一个人耳语、握手、拥抱也很常见，但这样的接触通常数秒内结束，当事人会立即恢复到社交距离或公众距离。

2. 私人距离

西方把人际距离定位在0.46~1.22米之间，认为这是进行非正式的个人交谈最经常保持的距离，即私人距离。这个距离允许人们与朋友和熟人随意谈话，足可以看清对方的反应，同时又不侵犯亲密距离。如果我们移到0.46米以内，对方可能后退；如果在1.22米以外，就有交谈被他人听到的感觉，交谈将会变得困难。

3. 社交距离

当对别人不很熟悉时，通常保持约 1.22~3.66 米的社交距离。非个人事务、社交性聚会和访谈都在社交距离中进行。在一个有许多工作人员的大办公室里，办公桌是按社交距离摆放的，这种距离使每个人都可以把精力集中在自己的工作上。在一些重要人物的办公室，合适大小的办公桌也可以达到足以使来访者保持恰当社交距离的目的。

4. 公共距离

公共距离，即超过 3.66 米的距离，通常被用在公共演讲中，在这种情况下，人们说话声音更大、手势更夸张。这种距离上的沟通更正式，同时人们互相影响的机会更少。

相关链接 2

在北欧国家芬兰，会看到一种奇怪的社会现象。人们在站台前排队候车，平均距离 1.9 米。这就是传说中的芬兰式排队，又称社交恐惧式排队。

芬兰人是出了名的寡言，以至于你看街上走的都是一堆面无表情的扑克脸，火车上、公交车上都是异常安静。

芬兰有一个冷笑话：两个老头花了一个周末的时间去湖边喝啤酒和钓鱼，连续两天没有说过一句话。到了周日傍晚的时候，一个老头提议再开一瓶啤酒吧，另外一个说："要继续坐这么久吗？不会要开始聊天了吧。"

不止芬兰，包括瑞典等北欧国家，人们已经把拥有自我空间当成一件理所当然的事情，这是他们的文化习俗。一般来说，北欧国家的陌生人之间的舒适空间是 1.5 米，能够忍受的极限距离是 1 米。

三、影响空间和距离的因素

人们谈话应保持什么样的距离、办公室应该多大及该如何装修、会议室应安放什么样的会议桌（圆形、椭圆形或其他形状），所有这些都与空间有关，而空间的构成则完全根据个人的地位及彼此间的关系不同来决定。沟通者必须知道，在不同场合中什么样的空间行为是合适的，什么样的空间行为是不合适的，这些行为对沟通都有一定的影响。

职场演练

环境沟通训练

演练目标：了解掌握环境沟通。

演练情景：

小青所在公司的办公室里大多是男同事。在中午吃饭的时候，同事们往往聚在一起谈天说地，十分投入。所谈内容无非集中在体育赛事和股票行情，小青对这些问题不太感兴趣，所以也很少加入他们的交流。过了一段时间，小青发现经常在一起交流的同事彼此间好像亲切一些，工作之间也很配合，而自己好像局外人一样，和他们比较生疏。

演练问题：小青怎样才能扭转这样的局面？

演练形式：

分组进行，可以五人一组，分角色扮演，其中一人进行监督和评价，每个人轮流扮演小青。

演练要求：

1. 在演练中，每位同学都要严肃认真，言行符合规范。
2. 在实际模拟时，全体同学一起对某一小组的表现进行评论。

能力测试

非语言沟通能力测试

（一）根据你的具体情况选择适当的选项

1. 与人初次会面，经过一番交谈，你能对他（她）的举止谈吐、知识能力等方面作出积极、准确的评价吗？（　　）

   A. 不能

   B. 很难说

   C. 我想可以

2. 和别人告别时，约定下次相会的时间地点是（　　）。

   A. 对方提出的

B. 谁也没有提这事

C. 我提议的

3. 当你第一次见到某个人，你的表情是（   ）。

A. 热情诚恳，自然大方

B. 大大咧咧，漫不经心

C. 紧张局促，羞怯不安

4. 你是否在寒暄之后，很快就找到双方共同感兴趣的话题？（   ）

A. 是的，对此我很敏锐

B. 我觉得这很难

C. 必须经过较长一段时间才能找到

5. 你与人谈话时的坐姿通常是（   ）。

A. 两膝靠拢

B. 两腿叉开

C. 跷起"二郎腿"

6. 你同他（她）谈话时，眼睛望着何处？（   ）

A. 直视对方的眼睛

B. 看着其他的东西或人

C. 盯着自己的纽扣，不停玩弄

7. 你选择的交谈话题是（   ）。

A. 两人都喜欢的

B. 对方所感兴趣的

C. 自己所热衷的

8. 通过第一次交谈，你们分别所占用的时间是（   ）。

A. 差不多

B. 他多我少

C. 我多于他

9. 会面时你说话的音量总是（   ）。

A. 很低，以致别人听得较困难

B. 柔和而低沉

C. 声音高亢热情

10. 你说话时姿态是（   ）。

A. 偶尔做些手势

B. 从不指手画脚

C. 我常用姿势补充言语表达

11. 你讲话的速度是（   ）。

A. 频率相当高

B. 十分缓慢

C. 节律适中

12. 假若别人谈到了你兴趣索然的话题，你将（   ）。

A. 打断别人，另起一题

B. 显得沉闷、忍耐

C. 仍然认真听，从中寻找乐趣

(二) 评分标准

题目	选项（5分）	选项（3分）	选项（1分）
1	C	B	A
2	C	A	B
3	A	C	B
4	A	C	B
5	A	C	B
6	A	C	B
7	B	A	C
8	B	A	C
9	B	A	C
10	B	A	C
11	C	B	A
12	C	B	A
合计			

(三) 答案及结论分析

分数为 0~22 分：首次效应差。也许你感到吃惊，因为很可能你只是依着自己的习惯行事而已。你本心是很愿意给人一个好印象，但你的不经心或缺乏体贴、言语无趣，无形中使人对你做出错误的勾勒。必须记住交往是种艺术，而艺术不能不修边幅。

分数为 23~46 分：首次效应一般。你的表现中存在着某些令人愉快的成分，但同时又偶有不够精彩之处，这使得别人不会对你印象恶劣，却也不会产生很强的吸引力。如果你希望提高自己的魅力，首先必须从心理上重视，在"交锋"的第一回合显示出最佳形象。

分数为 47~60 分：首次效应好。你的适度、温和、合作给第一次见到你的人留下了深刻的印象。无论对方是你工作范围还是私人生活中的接触者，无疑他们都有与你进一步接触的愿望。

参考资料

1. 武洪明，许湘岳：《职业沟通教程》，人民出版社，2011 年.
2. 张岩松：《人际沟通与语言艺术》，清华大学出版社，2011 年.
3. 沈杰：《沟通无处不在》，新世界出版社，2009 年.
4. 何菲鹏：《恰到好处的沟通方式》，中国华侨出版社，2010 年.
5. 吕书梅：《沟通之道》，经济管理出版社，2010 年.
6. 韩健：《赢在沟通》，天津科学技术出版社，2011 年.
7. 吴桂娟：《赢在沟通》，中国经济出版社，2011 年.
8. 张心萌：《有效沟通的力量》，中国纺织出版社，2011 年.
9. 李铮峰：《破解沟通密码》，金城出版社，2012 年.
10. 周增文：《口才的惊人力量》，中国华侨出版社，2009 年.
11. 刘德荣：《职场人际关 22 条法则》，河南人民出版社，2010 年.
12. 冷洋：《职场人际关学》，中国经济出版社，2010 年.
13. 常华：《会说话，行天下》，长征出版社，2009 年.
14. 胡细明：《谁说话才有竞争力》，纺织工业出版社，2010 年.
15. 石勤玲，程金芝，吴郁芬：《职业沟通能力训练》，中国书籍出版社，2014 年.
16. 罗芳：《工作前 5 年，学会一生受用的职场礼仪经》，中国铁道出版社，2018 年.

图书在版编目（CIP）数据

开启心灵之旅：大学生职业沟通能力培养 / 杨芹，孙晓辉主编. -- 北京：中国书籍出版社，2019.12
　ISBN 978-7-5068-7783-1

Ⅰ.①开… Ⅱ.①杨… ②孙… Ⅲ.①大学生–心理交往–能力培养–教材 Ⅳ.①G645.5

中国版本图书馆 CIP 数据核字(2019)第 293649 号

开启心灵之旅——大学生职业沟通能力培养

杨　芹　孙晓辉　主编

责任编辑	韩潇一
责任印制	孙马飞　马　芝
封面设计	范　荣
出版发行	中国书籍出版社
地　　址	北京市丰台区三路居路 97 号　（邮编：100073）
电　　话	（010）52257143（总编室）　（010）52257140（发行部）
电子邮箱	eo@chinabp.com.cn
经　　销	全国新华书店
印　　刷	青岛环海瑞源印刷科技有限公司
开　　本	787 mm×1092 mm　1/16
字　　数	166 千字
印　　张	10.5
版　　次	2019 年 12 月第 1 版　2019 年 12 月第 1 次印刷
书　　号	ISBN 978-7-5068-7783-1
定　　价	89.00 元

版权所有　翻印必究